GUIDE HACHETTE FAMILLE

Bébé parle

Pr Marcel Rufo et Christine Schilte

hachette FAMILLE

Sommaire

Avant-propos

Il a dit « maman », elle a dit « papa ». Tous les parents attendent ce moment avec une extrême impatience. Ils croient, avec force, que tous les prémices du langage ne servent qu'à faire jaillir ces deux petits mots. Il faut dire qu'ils sont chargés d'un message important : c'est une reconnaissance par l'enfant de ses parents. Eux savent, depuis déjà plus d'un an, que ce bébé est le leur et voici qu'il les déclare mère et père. À n'en pas douter, ils forment tous les trois une famille, foi de bébé !

L'acquisition est aussi d'importance pour l'enfant, elle signifie qu'il a gravé dans sa tête l'image de sa mère et de son père. Il pense à eux, il les interpelle.

Tous les parents rêvent d'entrer dans une vraie communication avec leur bébé. Jusqu'à présent, ils en avaient l'intuition par les jeux de regards et de sourires, et là, maintenant, grâce à ces deux simples mots, ils en sont certains, leur enfant est prêt à dialoguer. La parole est aussi pour eux un signe majeur de bonne santé et tout retard de langage les inquiète.

Les parents associent toujours le langage et l'intelligence. Ils y voient le signe d'un vrai développement : puisque leur bébé parle, c'est qu'il a des mots qui lui trottent dans la tête, c'est qu'il a des pensées et des sentiments qu'il veut exprimer. En parlant, l'enfant s'approprie le monde et part à sa conquête. Il donne, par son langage, un sens à son environnement et tout particulièrement à ses parents.

Ce sont eux qui fournissent à l'enfant les mots de son vocabulaire. Une vraie donation, dont l'enfant devient le nu-propriétaire et dont les parents restent les usufruitiers. Les mots, le phrasé, les expressions sont marqués du sceau familial dans les choix, les intonations et les prononciations. Le langage représente aussi la transmission d'un héritage familial et culturel.

Parlez beaucoup à votre bébé, parlez-lui sans arrêt même lorsqu'il ne vous répond pas, car il écoute... Considérez que vous êtes l'entraîneur d'un cadet en langage : apprenez-lui à placer le mot juste dans la phrase, à dribbler avec la syntaxe et à sortir vainqueur de la mêlée de ses idées. Une initiation qui durera toute la vie.

Pr Marcel Rufo

De la naissance à 1 an

Les babillages, roucoulements et premiers mots : « papa », « maman » marquent le début du dialogue amoureux parents-enfant.

QUELLES SERONT LES PREMIÈRES MANIFESTATIONS LANGAGIÈRES DE NOTRE BÉBÉ ?

À la naissance, aucun des organes indispensables à la parole n'est fonctionnel. Il faudra encore attendre quelques mois pour qu'ils acquièrent une certaine maturité et que l'appareil servant à la production vocale s'organise.

Mais cela n'empêche pas le bébé de déjà communiquer avec ses proches. La première forme de langage pour un bébé, ce sont les pleurs, c'est ainsi qu'il exprime ce qu'il ressent. C'est aussi grâce à ses cris qu'il entre en communication avec ses parents. Des parents sereins, expliquant à leur bébé qu'ils ne comprennent pas très bien ce qui l'agite mais qu'ils sont là pour s'occuper de lui et le réconforter, permettent à l'enfant de ne pas s'enfoncer dans le cycle infernal des pleurs. Ses cris disent presque tout : il a faim, il est mouillé, il a trop chaud, il a soif, il ne se sent pas en sécurité... bref, un bébé a toujours une bonne raison de crier. Avant la fin du 1er mois, le nourrisson module ses cris. À partir de la 3e semaine, les parents vont savoir de mieux en mieux interpréter les pleurs de leur nourrisson et ils seront aussi davantage capables de les supporter.

Les recherches faites sur les cris communs

à tous les bébés ont permis de mettre en évidence plusieurs types de cris ayant des significations différentes.

• Le cri de faim se caractérise par un son strident, suivi d'une inspiration ; il est accompagné d'un court sifflet puis d'une période de silence. L'enfant attend de voir si ses parents vont le satisfaire.

• Les cris de colère s'expriment sur plusieurs timbres de voix, tout dépend de la force avec laquelle l'air passe entre les cordes vocales. Mais ils ont tous un point commun : ils sont aigus et mettent donc les oreilles parentales à rude épreuve.

• Le cri de douleur est aussi caractéristique. Un premier cri, suivi d'un silence puis d'une inspiration, inaugure une série de cris expiratoires.

• Le cri de frustration est une variante du cri de douleur. On le reconnaît à un cri suivi d'un long sifflement inspiratoire. Toujours répétés, ces cris sont, par exemple, ceux que pousse un bébé à qui l'on retire le sein ou le biberon, alors qu'il a encore faim.

• Enfin le cri de plaisir est bref et fort, annonciateur des cris de joie.

Certains bébés connaissent un épisode de cris difficiles à interpréter. Ce sont des pleurs qui jaillissent en fin de journée, sans raison apparente, et presque toujours à la même heure. Il faudra attendre que le bébé ait 3 ou 4 mois pour qu'il perde cette habitude. Le spleen du bébé est plus ou moins marqué et plus ou moins long selon les enfants. Aucune raison médicale prouvée ne lui a encore été trouvée. Il existe simplement deux interprétations. Pour les uns, c'est une manière d'expulser le trop-plein d'énergie accumulée tout au long de la journée, pour les autres, il s'agit d'une peur ancestrale liée au jour qui tombe et à la nuit redoutée. Il est curieux de constater que ces bébés ne demandent pas forcément à être pris dans les bras ; souvent, la seule présence de leur mère près de leur berceau les rassure.

LE SAVIEZ-VOUS ?

Lui caresser la joue, lui tenir les mains, sont des gestes qui ne suffisent pas toujours ; bien souvent, l'enfant réclame d'être pris dans les bras. Dans un premier temps, cette position le console, lui offrant des limites affectives. Mais, au fil des mois, il aimera être tenu face au monde qui l'entoure et manifestera de plus en plus souvent, par ses cris, son besoin de compagnie et son envie de participer à la vie de la famille.

Il existe encore une autre forme d'expression très précoce chez le bébé, lui permettant de transmettre à ses parents un certain nombre d'informations et d'établir une relation : ce sont les mimiques du visage. Elles sont innées et communes à tous les bébés du monde. Elles évoquent le plaisir, la peur, le dégoût, la détresse et l'apaisement. Elles sont particulièrement intéressantes dans la relation qui va se nouer entre l'enfant et ceux qui l'entourent, et ces mouvements du visage donnent lieu à l'interprétation d'émotions et de sentiments : l'enfant aime ou déteste, reconnaît.

Petit conseil

Il est indispensable que vous répondiez aux cris de votre bébé. Faute de quoi, il pourrait croire que ses plaintes sont vaines et qu'il ne peut rien attendre de vous. Un simple corps à corps a souvent un effet magique : appuyé contre l'épaule d'un de ses parents, niché dans son cou, respirant l'odeur des cheveux de son père ou de sa mère, le bébé retrouve son calme.

LA PAROLE EST LE PROPRE DE L'HOMME, MAIS QU'EST-CE QUI VA POUSSER NOTRE BÉBÉ À PARLER ?

La naissance du langage est sans doute d'abord la concrétisation de l'histoire d'amour qui lie l'enfant à ses parents, dès la première échographie. Le bébé a un besoin inné de communiquer et il développe cette capacité de l'échange qui va s'instaurer entre lui et ses parents.

Même si le dialogue à sens unique, avec l'enfant, s'est institué au cours de la grossesse, c'est à la naissance qu'il s'épanouit totalement : l'accueil du bébé est toujours l'occasion d'exprimer en mots et en gestes toute l'affection que ses parents lui portent déjà. Des relations affectives qui vont unir l'enfant à ses parents, tout particulièrement à sa mère, dépend le développement psychique de l'enfant. L'attachement précoce mère-enfant met en œuvre des comportements spécifiques de la part du bébé humain, ses cris, ses sourires et son regard tissent entre eux une relation amoureuse intense. Le langage y tient une part importante.

Votre bébé est compétent non seulement pour recevoir les signaux que vous lui envoyez, mais aussi pour en émettre. Il est même parfois difficile de déterminer qui

LE SAVIEZ-VOUS ?

L'étude d'« enfants sauvages », non doués de parole et qui ont grandi sans être accompagnés d'une présence humaine, tout comme celle d'enfants élevés en collectivité dans de mauvaises conditions, montrent que, pour savoir parler, l'enfant doit avoir un interlocuteur, un modèle et un guide. Si différents organes sont indispensables pour pouvoir dire des mots, ils ne sont pas suffisants : l'enfant s'exprime par le langage parce qu'il veut entrer en communication avec ses parents et parce que ses parents lui parlent.

répond à qui. Cette interaction est fondamentale pour son langage et son devenir.

C'est essentiellement un grand besoin de communication affectif qui pousse l'enfant à parler. Il y a dans la naissance du langage une large part émotionnelle : l'enfant cherche à partager les émotions qu'il perçoit chez l'adulte et veut transmettre les siennes. La langue très particulière des adultes, avec laquelle ils parlent à leur bébé et qu'ils choisissent spontanément, est d'ailleurs intensément affective.

À partir de 2 mois, un nourrisson produit davantage de sons et de bruits en présence de l'adulte qui s'occupe de lui qu'en son absence : il a appris à reconnaître son interlocuteur. À cet âge, il s'intéresse particulièrement aux syllabes et capte plus facilement les changements de phonèmes lorsqu'ils sont utilisés dans des petites phrases. Il est de plus en plus prêt à prendre la parole. Les premiers mots jaillissent le plus souvent pour exprimer une émotion face à un événement inattendu. Le langage sert à faire un lien, il surgit quand le bébé sent qu'il devient autonome. Entrer en relation avec les autres autrement que par le contact corporel est sa principale motivation.

Tous les parents rêvent d'avoir un bébé parlant très tôt. Mais il y a un temps pour tout et les étapes de développement sont quasi immuables, même s'il existe toujours des enfants précoces. Dans le cas d'un nouveau-né, l'essentiel est que vous lui répondiez dès qu'apparaissent ses premiers sons, dès qu'il commence à babiller. Il apprendra ainsi petit à petit le sens et la musique des mots. Vous devez garder constamment à l'esprit que la langue maternelle se transmet à l'enfant par le jeu et par la relation affective. N'oubliez pas qu'un enfant cherche toujours à parler pour dire d'abord ce qu'il ressent.

QUEL EST L'APPORT DES CAPACITÉS INNÉES DANS LE LANGAGE DE NOTRE BÉBÉ ?

Il semble que les bébés aient un certain nombre de capacités innées, leur ouvrant progressivement les portes de la parole. Peu à peu, les cris se modifient et sont remplacés par une gamme de petits bruits qui deviendront langage.

Son appareil auditif lui permet d'entendre parfaitement. Il est curieux de constater qu'il préfère le son de la voix humaine, manifestant un intérêt tout particulier pour la voix de sa mère s'exprimant dans sa langue maternelle. Il s'agit sans doute du résultat d'une certaine mémorisation de ce qu'il a perçu *in utero*.

Mais le nourrisson ne se contente pas de percevoir les sons exprimés par la parole, il semble qu'il soit capable de les analyser et de les reconnaître, sans doute grâce à un don inné. Il peut distinguer pratiquement la totalité des contrastes des langues naturelles et de manière catégorielle. Il peut encore reconnaître la similitude des sons appartenant à la même catégorie phonétique, quels que soient leur intonation, le ton ou le contexte.

Tout cela n'est possible, bien évidemment, que grâce au cerveau dont certaines zones sont impliquées dans la compréhension de la parole et d'autres dans son émission. Les deux aires les plus importantes sont celles de Broca et de Wernicke, situées dans l'hémisphère gauche du cerveau. On sait aujourd'hui que le cerveau gauche, celui qui traite notamment les sons, est opérationnel dès la naissance. L'hémisphère droit a la spécificité de contrôler la prosodie, chanson des mots prononcés, et les variations des intonations. Sa maturation est plus rapide que celle de l'hémisphère gauche, ce qui explique en partie la manière dont le langage se développe dans la petite enfance.

La parole vient vite. Vers 3-4 mois, le bébé tourne les yeux et la tête vers une source sonore. Il commence alors à babiller. Les sons de type voyelles apparaissent en premier, suivis par des sons ressemblant à des consonnes. Vers 5-6 mois, un bébé est capable de répondre vocalement s'il est stimulé ; de même, il sait d'ores et déjà faire des vocalises.

Il semble que la capacité du bébé à repérer et à sérier dans le langage de l'adulte ce qui lui sera utile soit en grande partie innée.

Ainsi, il fait la différence entre « ba » et « da » alors qu'il n'est âgé que de quelques jours, il connaît le son « a », quel que soit le ton ou l'accent avec lequel cette lettre est prononcée, et il différencie « bateau » de « gâteau », que ces mots soient dits par un homme, une femme, un enfant ou une personne avec un fort accent régional.

QUAND NOTRE BÉBÉ SERA-T-IL EN MESURE DE NOUS COMPRENDRE ?

En réalité, un bébé ne comprend pas de manière précise ce que ses parents lui disent. Les mots n'ont encore pour lui aucune représentation. Il perçoit avant tout par intuition.

Il ressent ce qu'on lui dit grâce à la musique des mots, aux expressions du visage qui les accompagnent et aux mouvements des yeux que l'adulte adopte très naturellement. Ainsi, il sait au bout de deux ou trois mois reconnaître le sourire ou la moue d'insatisfaction de sa mère ou de son père. Vers 1 an, le langage dit « réceptif » est bien en place. Pour en avoir la preuve, il suffit de lui demander de donner un objet. Il comprend fort bien, car soit il le donne docilement, soit il montre clairement son refus. À cet âge, l'enfant répond mieux à des demandes simples qu'à des phrases complexes. Parmi les paroles de ses parents, le mot « non » est l'un des tout premiers dont il comprend le sens.

Des expressions comme « regarde » ou « écoute » retiennent toute son attention et mettent des mots sur les choses et les personnes. L'enfant acquiert du vocabulaire et s'initie au rythme de la langue. Mais cette pratique a d'autres vertus ; en nommant les objets, les personnes, les animaux qui entourent l'enfant, l'adulte lui fait comprendre que tous deux appartiennent à un monde dans lequel ils ne sont pas seuls : l'environnement est fait de choses à contempler, posséder, manipuler et nommer.

NOTRE BÉBÉ NOUS FAIT COMPRENDRE QU'IL VEUT QUELQUE CHOSE EN MONTRANT DU DOIGT L'OBJET DÉSIRÉ. N'EST-CE PAS UNE FORME DE LANGAGE ?

Le pointé du doigt est l'un des premiers gestes volontaires des enfants. Il est aussi interprété par les psychologues comme l'une des toutes premières manifestations de communication.

Ce geste apparaît en général spontanément vers 6-7 mois, c'est d'abord toute la main qui est tendue, puis un seul doigt. Le doigt tendu vers l'objet convoité signifie, selon les circonstances, « je veux », « ramasse », « approche », « donne ». Votre enfant s'aperçoit très vite que c'est un bon moyen d'attirer votre attention vers un objet qui l'intrigue et vers une personne ou un animal qui l'attire. Très naturellement, vous vous exécutez, l'approchant de ce qu'il convoite. Généralement, ce geste s'accompagne d'un commentaire de votre part sur l'objet, l'animal ou la personne : son nom, sa couleur, sa douceur, sa fragilité... quantité de qualificatifs qui aident à une bonne définition. Parfois, le pointé du doigt est associé à des vocalises presque toujours incompréhensibles, que les parents s'empressent de traduire en un mot sur un ton interrogateur. L'enfant, tout en pointant son doigt, regarde l'adulte susceptible de le satisfaire. Il dit aux autres : « Occupez-vous de moi, j'existe. » Il a compris le principe du langage.

LE SAVIEZ-VOUS ?

L'homme utilise deux cents gestes en moyenne pour communiquer, essentiellement des mouvements des mains. Dans le répertoire classique de l'enfant, on trouve, avec le pointé du doigt spontané, les gestes enseignés pour dire « au revoir », « bravo » et « chut ». Les enfants adorent les apprendre et les exécutent généralement avec une grande jubilation.

À QUEL MOMENT NOTRE ENFANT VA-T-IL ACCÉDER À LA PAROLE ? QUE PRONONCERA-T-IL EN PREMIER ?

C'est vers 5 ou 6 semaines que le bébé s'exprime pour la première fois autrement que par des cris : il se met à roucouler, choisissant un moment où il se sent détendu, parfaitement à l'aise dans son fauteuil relax ou dans son bain.

Il émet un son entre le « o » et le « e », ni trop fort ni trop bas. C'est ce que les spécialistes appellent le « jasis », fait essentiellement de voyelles, avec parfois quelques rares consonnes et syllabes. Comme il trouve cela fort drôle et que ses parents en redemandent, il va s'essayer à d'autres sons dérivés : « a, aroe, roe, arrheu, ageu ». Selon les enfants, ces émissions se produisent entre 2 et 5 mois. Le bébé peut passer de longs moments à jouer seul avec sa voix, à expérimenter diverses vibrations qu'il peut faire avec sa gorge et sa bouche. Il passe des aigus aux graves, des bruits forts aux chuchotements. Bien sûr, les encouragements de ses proches l'aident à progresser et à tenter de reproduire ce qu'il entend.

À partir de 3 mois, la position assise transforme ses possibilités phoniques : son larynx prend sa place définitive, laissant un espace en arrière de sa langue, et la partie postérieure de celle-ci devient mobile. Il enrichit le nombre de ses voyelles, dit des sons comme « ou » et quelques consonnes. C'est ce que l'on nomme le « babil ». Grâce à des transformations anatomiques – apparition des dents, position plus en arrière de la langue, meilleure déglutition –, ses capacités phoniques vont croître de plus belle.

Votre bébé possède maintenant la maîtrise des muscles de tout son visage, notamment ceux de ses lèvres, de son arrière-gorge, de son larynx, agissant sur les cordes vocales, et enfin de ses abdominaux qui vont lui donner du souffle. En accédant à la phonation, vers l'âge de 5 mois, l'enfant est capable de moduler la hauteur, la durée et l'intensité de ce qu'il dit. Il contrôle d'ailleurs de mieux en mieux l'arrêt ou la reprise volontaire de ses vocalises.

Entre 4 et 7 mois, de nouvelles possibilités d'articulation permettent au bébé d'émettre des sons proches de ceux des consonnes et des voyelles longues et modulées. L'enfant sait associer le son d'une voix au visage d'une personne familière. C'est par l'habituation au langage que les mots vont pouvoir exister.

LE SAVIEZ-VOUS ?

Ne soyez pas étonné de l'entendre émettre de drôles de sons semblables à des couinements ou à des grincements. Ces « bruits » sont dus à une particularité anatomique : son larynx est très haut dans sa gorge, tout proche de ses fosses nasales, et prendra une position normale dès lors que votre enfant sera beaucoup plus souvent assis, puis debout, que couché.

NOTRE BÉBÉ COMMENCE À BABILLER : DE QUOI EST FAIT CE BABIL ?

Le babil va s'installer presque brusquement. Le bébé accède au redoublement des consonnes et aux syllabes.

Ce babil est déjà un langage puisque l'enfant s'en sert pour appeler, pour demander, pour dire sa satisfaction et chercher l'acquiescement de ses parents.

Ce phénomène est important car la syllabe est l'unité première de toutes les langues. Les nouvelles expressions qu'emploie le bébé témoignent d'une bonne articulation, très proche de celle des adultes. Dans un premier temps, les syllabes sont simples, faites de l'association d'une voyelle et d'une consonne, le plus souvent nasale ou occlusive comme « p », « b », « t », « d ».

La voyelle préférée des enfants est le « a ». Certains ont des goûts plus originaux et choisissent de s'exprimer avec des syllabes utilisant les consonnes « g » ou « k ». Bon nombre de bébés sont même capables de prononcer des sons comme le « r » : ils le disent parfaitement puis l'oublient et mettront plusieurs années à le retrouver. De même, ils utilisent avec un vrai plaisir les consonnes sonores « d » et « b » qui, pourtant, n'apparaîtront dans leur langage qu'après le « t » et le « p ».

L'enfant continue à jouer avec sa voix quand il est seul, pour son plaisir. Il s'exerce alors à quantité de variations vocales, passant des graves aux aigus. Il produit des sons assez complexes qu'un adulte aurait bien du mal à prononcer, par exemple des suites de consonnes ou encore un son proche du « clic » connu dans les langues africaines. Mais il apprécie de plus en plus la « conversation » à deux, avec l'un de ses parents. Il contrôle alors sa voix et l'ajuste au registre de son interlocuteur : il peut parler bas ou presque crier fort pour l'interpeller.

La progression dans le babillage est faite d'expérimentations, notamment lorsque l'enfant entreprend de dire plusieurs syllabes à la suite ou des associations de voyelle-consonne-voyelle telles que « aba » ou « éka ». Entre 7 et 8 mois, le babil est à son maximum, il ne permet pas d'exprimer tous les sons du langage mais représente déjà une certaine richesse phonétique. On pense que les syllabes répétitives servent à relier les sons émis aux mouvements articulatoires que l'enfant doit faire pour les prononcer : ouverture et fermeture de la bouche, placement de la langue, force du souffle.

À partir de 10 mois environ, certains enfants enchaînent de plus en plus souvent des suites de polysyllabes dans lesquelles ils varient les voyelles et les consonnes : ce qu'ils racontent semble s'exprimer dans une langue étonnante.

Petit conseil

Écoutez ce qu'il vous dit. Il adopte dans son babil des mélodies et des rythmes différents selon qu'il veut quelque chose, qu'il vous interroge ou qu'il vous appelle. Il n'a pas les mots mais il a le ton de la phrase. Son babil est déjà marqué de sa langue : il est au stade du proto-langage.

Vers 9-10 mois, parallèlement au développement du babillage, l'enfant commence à comprendre certains mots. Sa mémoire auditive lui permet de reproduire tant bien que mal ce qu'il vient d'entendre en faisant des efforts pour imiter les mouvements des lèvres de son interlocuteur. Sa vue, son sens du toucher et son audition contribuent pleinement au développement de son langage : par le toucher, il fait connaissance avec sa bouche et les mouvements de sa mâchoire, la vue lui révèle les mouvements des lèvres indispensables à la prononciation de ce qu'il entend. Cette attention à ce que lui dit l'autre va presque entièrement mobiliser son énergie. Il ne vocalise quasi plus « gratuitement » lorsqu'il est seul. En compagnie de ses parents, il cherche à répéter ce qu'ils lui disent. L'adulte interprète, donne une intention, trouve le mot le plus proche qu'il redit à loisir et que l'enfant va chercher à dire aussi. Ces exercices répétés d'imitation, évidemment avec beaucoup d'approximation dans les premiers temps, conduiront l'enfant à prononcer plus tard de véritables mots, début du dialogue avec les siens. L'adulte, en parlant à l'enfant, insiste d'instinct sur la césure des mots et sur les syllabes, unités de base caractéristiques de la langue. Tout cela facilite l'apprentissage, d'autant plus que le bébé attend son tour pour parler et pour écouter.

LE BABILLAGE D'UN BÉBÉ SIGNIFIE-T-IL QU'IL NE SOUFFRE D'AUCUN TROUBLE DU LANGAGE ?

On a remarqué que le jasis d'un enfant sourd est presque identique à celui d'un enfant qui entend parfaitement. C'est pourquoi, sauf diagnostic à la naissance, rien ne peut réellement être observé avant que l'enfant ait atteint ses 8 mois.

Il faut s'inquiéter lorsqu'un bébé de quelques semaines ne commence pas à gazouiller, à faire des bruits de gorge et des roucoulements. Il est important de consulter lorsque, après le stade du jasis, le bébé n'a pas évolué pour atteindre celui du babil, à 8 mois au plus tard. Un bébé de 8-9 mois qui ne joue pas avec les syllabes, et qui utilise peu d'intonations, a peut-être des problèmes d'audition.

Aux alentours de 1 an, les parents doivent s'interroger sur l'intégrité auditive d'un enfant qui ne connaît pas son prénom, ne répond pas à un appel ou à un ordre simple comme « viens ». Autre cas de figure : parfois, il répond normalement et d'autres fois, dans les mêmes conditions, il ne le fait pas. Vous pouvez tester ses réactions en fonction de l'intensité de vos appels : votre enfant entend-il mieux lorsque vous lui parlez d'une voix faible ou d'une voix forte ?

LE SAVIEZ-VOUS ?

L'enfant qui ne répond pas à un appel est vite qualifié de coquin ou de têtu. Or beaucoup de surdités sont atttribuées à tort à un mauvais caractère. Toute fonction linguistique passe par l'oreille et la majorité des retards de langage sont dus à des troubles de l'ouïe.

Normalement, un enfant qui entend bien se retourne quelle que soit l'intensité de la voix, surtout si on lui propose une friandise ou une activité qu'il aime bien. L'enfant qui entend mal « apprend » le langage en prenant repère sur les mouvements de la bouche, les mimiques du visage et les gestes, c'est un apprentissage dur et long. Vous devez être de bons observateurs, mais ne pas tester en permanence votre enfant, au risque de compliquer d'éventuels dépistages ultérieurs. Le médecin ORL, grâce notamment à l'examen des « otoémissions provoquées » qui mesure les vibrations des cellules de l'oreille interne, suivi d'une évaluation plus fine de l'audition, établira un diagnostic précis et mettra en place les soins appropriés.

L'accompagnement d'un enfant sourd par un orthophoniste pourra, selon la gravité de la surdité, l'aider à avoir accès à la parole ou à un autre mode de communication.
Quel que soit le degré de surdité, plus le diagnostic est précoce, plus tôt l'enfant sera appareillé si besoin est ; plus la rééducation est entreprise de bonne heure, meilleure sera l'intégration à la société et les premiers apprentissages seront, eux, facilités. Mais toute méthode de rééducation doit s'accompagner d'un soutien psychologique de l'enfant et de sa famille.

ON DIT QU'IL EST IMPORTANT DE PARLER À NOTRE BÉBÉ. COMMENT DEVONS-NOUS NOUS Y PRENDRE ?

La parole ne vient aux enfants que parce que leur entourage leur parle. Lorsque l'enfant n'est âgé que de quelques mois, le vocabulaire n'a pas beaucoup d'importance. Les bébés sont avant tout sensibles à la tonalité des mots, à leur musique et aux expressions du visage qui les accompagnent.

Il est étonnant de constater que, partout dans le monde, les adultes prennent un ton particulier pour s'adresser aux bébés : ils déplacent leur voix vers les aigus, ils adoptent une certaine lenteur et éprouvent un besoin instinctif de répéter tant les mots que les phrases. Ils choisissent majoritairement des mots à syllabes jumelles. L'intonation est également marquée, mettant l'accent sur les mots considérés comme importants, la tête et le visage sont très mobiles, appuyant le discours de mimiques. Les pauses sont bien marquées entre les phrases. Celles-ci sont courtes, grammaticalement correctes, le plus souvent au présent, et emploient un vocabulaire concret.

Les mères de langue française ont tendance à utiliser en priorité les mots commençant par des consonnes labiales telles que « m », « b », « f » et « v ». Curieusement, on retrouve cette habitude chez les mères anglo-saxonnes qui font usage des labiales beaucoup plus que ne le voudrait le répertoire phonétique de leur langue.

Ces conduites d'adaptation permettent au bébé de percevoir de façon optimale ce qu'il entend et de le reproduire au mieux, en fonction de ses possibilités mécaniques d'articulation. La réaction des bébés à cette forme de langage a été étudiée. Le résultat est probant : les bébés adorent qu'on leur parle ainsi. Ils sont capables de discerner parfaitement les syllabes, avec même une sensibilité certaine à l'ordre des phonèmes. Ils préfèrent les syllabes ayant au moins une voyelle à celles n'ayant que des consonnes, et ils différencient les mots de deux syllabes de ceux de trois, quelle que soit la durée de prononciation du mot.

Mais, pour éveiller leur intérêt, les sons doivent être séparés afin qu'ils puissent bien les distinguer. Un discours relativement répétitif ne les gêne pas, tout au contraire. Enfin, la reprise des sons émis par l'enfant et leur traduction en langage adulte, plus ou moins imaginé, donnent à penser à l'enfant qu'il peut bien se faire comprendre. Nombre de parents en profitent alors pour apporter à ces premières expressions un contexte de lieu ou de temps : « Maman va faire le biberon », « Papa sera bientôt à la maison ».

Certains parents s'entêtent à penser que leur enfant ne les comprendra que s'ils lui parlent « bébé », imitant l'enfant dans le redoublement des syllabes et associant les mots les uns aux autres sans former de phrases, excluant notamment les verbes et les articles. Cette pratique gêne en réalité les progrès de l'enfant et peut retarder sa compréhension du langage parlé par tous.

En effet, l'enfant apprend à parler grâce à un système d'imitation non reproductif mais intelligemment constructif : il observe, mémorise puis cherche à imiter. Tout au long de son apprentissage du langage, il émet des propositions qu'il demande aux adultes qui l'entourent de vali-

der. Comment peut-il progresser si ceux-ci le maintiennent dans ce qu'il a acquis et ne le font pas un peu plus avancer sur le chemin de la communication ?
Le langage fonctionne par étapes, avec un ordre fixe, mais elles ne se situent pas au même moment pour tous les enfants. Certains, précoces, marquent tout à coup un palier de quelques mois, alors que ceux qui ne disaient presque rien deviennent vite de vrais petits bavards.

Petit conseil

Les premiers mots que vous adresserez à votre bébé doivent être puisés dans un vocabulaire simple de une ou deux syllabes. La forme interrogative des phrases sera relativement souvent employée, bien que l'enfant soit incapable d'y répondre. Les questions doivent être interprétées comme une incitation au dialogue et à faire un choix. Lorsque votre enfant commence à parler, il est intéressant d'enrichir son vocabulaire, en lien avec des choses du quotidien.

ON DIT QUE LES BÉBÉS S'EXPRIMENT AVEC LEUR CORPS. S'AGIT-IL VRAIMENT D'UN LANGAGE ?

À la naissance, le bébé est doté d'un certain nombre de mimiques innées qui lui permettent déjà d'exprimer quelques sentiments : ses grimaces et ses sourires sont une forme de langage.

À travers ces mimiques, votre bébé vous communique des informations qui vont vous conduire, le plus souvent, à agir ou à modifier votre comportement. Mais c'est en fait tout le corps du bébé qui est capable d'entrer en communication avec ceux qui s'occupent de lui, pour peu que ceux-ci lui prêtent attention. En effet, lorsqu'il naît, l'enfant est parfaitement pourvu sur le plan du toucher. Sa peau perçoit diverses sensations et son cerveau peut déjà analyser différents touchers et déterminer s'ils sont agréables ou désagréables.
La peau est l'organe qui renseigne le bébé sur son environnement immédiat. Ce système sensitif est si performant que le contact peau à peau joue un rôle important de médiateur avec l'extérieur. C'est par le toucher que s'établit un véritable dialogue entre vous et votre bébé ; très vite, celui-ci reconnaît qui le tient dans les bras, son père, sa mère ou quelqu'un d'autre. Il fait la

différence entre la prise enveloppante de sa mère et le porté haut de son père.

Le portage permet d'observer le « dialogue tonique » du bébé. Tout son corps réagit chaque fois qu'il est pris dans les bras, et de manière différente selon celui qui le tient. Il reconnaît son porteur et ajuste en fonction de celui-ci sa position et ses mouvements : il bouge les jambes, les bras, la tête, se cambre plus ou moins...

Tous les bébés aiment être caressés. Ils font assez rapidement la distinction entre les caresses de leur mère et celles de leur père, car elles ne se situent pas toujours au même endroit du corps, n'ont pas le même appuyé et ne se produisent pas au même moment de la journée. Le dos du bébé est la partie du corps la plus réceptive – il faut dire qu'il offre une grande surface aux caresses. Sous leur effet, l'enfant manifeste de tout son corps le plaisir qu'il éprouve à être ainsi frôlé, touché, attrapé.

À la sensation tactile s'associent les informations apportées par les autres sens, notamment la vue et l'ouïe, car les caresses ne sont jamais prodiguées en silence. Cela concourt à le rassurer et à le sécuriser : il est aimé. Ce sentiment de bien-être l'aide à se développer physiquement et psychiquement. Entre vous et votre enfant s'établit un échange tonique par lequel passent les émotions.

Au fil des semaines, votre bébé bouge de plus en plus, il tourne la tête quand on l'appelle, il tend tout son corps pour être pris dans son berceau ou agite frénétiquement les bras et les jambes, il fronce les sourcils quand il n'est pas content, écarquille les yeux pour dire son étonnement. Ce mouvement sera bientôt accompagné d'une vocalise destinée à attirer davantage encore votre attention et, quelques mois plus tard, le mot « veux » sera même encore plus explicite.

Vers 10 mois, ses gestes deviennent plus précis, il sait dire « non » en détournant la tête. Mais c'est sans doute vers 1 an que sa gestuelle va vraiment se développer, car il a appris par l'expérience que chaque geste s'accompagne d'un résultat et il en fait donc un vrai moyen de communication. Un enfant de 1 an sait exprimer des mimiques de dégoût ou de satisfaction face à des propositions d'odeur et de saveur. Le geste du toucher amènera celui de saisir qui deviendra, en fonction des mouvements du corps, du visage et du bras, une demande polie ou une exigence de droit.

Tant que les mots ne lui seront pas faciles, votre enfant parlera avec des gestes, puis ce sera l'inverse. Les enfants de 2 ans, qui commencent à parler, abandonnent petit à petit leur gestuelle habituelle.

LE SAVIEZ-VOUS ?

Caresses et mots tendres finissent toujours par calmer les bébés, même les plus insatisfaits. Les caresses comblent le besoin inné du bébé d'un contact « corps à corps » qu'il a perdu depuis sa naissance. Elles l'aident encore au fil des mois, d'abord à comprendre qu'il existe en tant qu'être indépendant de sa mère puis à construire son schéma corporel, une notion importante dans l'élaboration du langage.

NOTRE BÉBÉ SEMBLE PRÊT À APPRENDRE À PARLER. QUELLES SONT, DANS LA JOURNÉE, LES PÉRIODES LES PLUS FAVORABLES POUR L'ÉVEILLER AU LANGAGE ?

Un enfant est prêt à apprendre à tout moment. Son intelligence ne demande qu'à être développée. C'est par sa capacité, notamment à imiter, que repose en grande partie son apprentissage du langage.

Ainsi, les chercheurs ont découvert un phénomène étrange d'imitation très précoce, vers 3 mois. Il se caractérise par un échange bien organisé entre l'enfant et son interlocuteur : l'enfant répond en écho aux sollicitations de l'un de ses parents, attendant que celui-ci ait parlé pour s'exprimer à son tour. Les parents ont alors le curieux sentiment que, déjà, ils ont une véritable conversation avec leur bébé. Ce phénomène dure peu de temps et laissera la place, un peu plus tard, vers 5 mois, à une capacité affirmée d'imitations de plus en plus élaborées.

Éveiller un enfant au langage comme au monde qui l'entoure ne demande rien de bien compliqué, simplement une attention quotidienne, un état d'esprit, un partage maximal des expériences et des rencontres. On peut profiter de tous les instants où l'enfant est disponible et où l'apprentissage devient un plaisir. C'est par exemple le moment du bain : l'enfant est détendu, heureux d'être dans l'eau. Un peu plus tard, le bain est aussi l'occasion d'enrichir son vocabulaire, par exemple en lui montrant les différentes parties de son corps.

C'est surtout après la sieste, alors qu'il est bien reposé, que le bébé est le plus disponible pour les activités intellectuelles, mais il lui faut des stimulations brèves afin de ne pas le lasser, d'autant plus que son temps d'attention pour une même chose est très

LE SAVIEZ-VOUS ?

À certains moments, votre enfant vous semblera fatigué ou ne manifestera aucun intérêt pour quoi que ce soit. Chaque enfant traverse des périodes de développement qui le rendent plus ou moins disponible pour certaines activités d'éveil. Généralement, les grandes étapes de développement physique sont marquées par des paliers de développement intellectuel.

court. Les activités d'éveil doivent être répétées pour être parfaitement assimilées, et le langage n'échappe pas à cette règle. Mais les jeux de sons et de mots ne sont pas les seuls à préparer l'enfant à une bonne acquisition du langage. Ainsi, le fameux jeu du « coucou-caché » l'aide à acquérir la notion de permanence de l'objet, qui lui sera indispensable pour bien utiliser les mots symbolisant les choses et les personnes. Par cet échange avec ses parents, présent/non présent, pareil/pas pareil, l'enfant s'entraîne à différencier et à sérier. Un apprentissage important pour l'écoute des sons et leur reproduction. Tous les jeux qui stimulent les sens, notamment l'écoute et l'observation visuelle, apportent aussi des outils facilitant l'accès au langage. La découverte du monde, la rencontre avec les autres ouvrent la voie de la communication.

NOUS SOMMES BIEN SÛR À L'AFFÛT DES PREMIERS MOTS DE NOTRE BÉBÉ. QUAND VONT-ILS APPARAÎTRE ?

Les premiers mots tant attendus apparaissent à des âges variables. Certains enfants disent déjà « maman, papa » à 9 mois, d'autres à 10 mois, d'autres encore plus tard. Cette apparition, plus ou moins précoce, n'augure en rien les capacités linguistiques futures de l'enfant.

Des termes identifiables peuvent même être reconnus vers 7-8 mois. Ils sont le plus souvent, à cet âge, soit obtenus par écholalie, en écho immédiat à ce que vient de dire l'adulte, soit par serinage – on appelle ainsi l'habitude qu'ont beaucoup de parents de répéter fréquemment, et avec insistance, un ou deux mots, toujours dans les mêmes situations familières. C'est ainsi que les enfants disent tôt « au revoir », « coucou » ou « bravo », sans identification avec un objet ou une situation et sans représentation mentale. Le seul intérêt de cette pratique, sur le plan du langage, consiste en un entraînement mécanique des muscles et des organes que nécessite la prononciation.

Les spécialistes du langage estiment que l'enfant commence à comprendre un certain nombre de mots vers 9-10 mois. Mais il est bien difficile de mesurer l'ampleur de cette compréhension, l'enfant a souvent besoin d'être aidé, soit par un contexte familier, soit par le ton de son interlocuteur. Il a mémorisé la forme sonore du mot et a relié celui-ci à une situation. Cette acquisition du sens des mots précède leur émission. Vers 10 mois, l'enfant reconnaît et s'intéresse essentiellement aux sons de sa langue maternelle et un ou deux mois plus tard, son babillage ne contient plus que des sons empruntés à ses parents ou aux personnes qui s'occupent de lui.

Les sons qu'il émet sont appelés des « proto-mots », ils sont caractérisés par des associations de syllabes auxquelles il ajoute les intonations de sa langue future. Les proto-mots ont un sens car ils sont toujours émis dans des circonstances précises, mais ils peuvent légèrement varier. Ainsi, « aba », « ata » ou « ava » peuvent signifier « au revoir ». « Wawa » est le nom du chien de la maison mais aussi du chat ou d'un animal en peluche. Petit à petit, l'enfant choisit toujours le même proto-mot : « au revoir » devient « ava ». Bien sûr, ce sont les parents attentifs qui font la relation entre ce que dit l'enfant et l'événement vécu. Leur interprétation est facilitée par les gestes de l'enfant : il secoue la main pour dire « au revoir » et tend le doigt vers l'objet qu'il désire en prononçant « ta » ou « na », par exemple. C'est parce que l'adulte, auprès de lui, donne une signification à ce qu'il dit, et toujours identique aux mêmes sons, que l'enfant comprend la relation entre l'objet et le mot qui le symbolise, un apprentissage indispensable pour accéder au langage.

Les premiers mots parfaitement intelligibles vont mettre quelques mois à apparaître. Ils sont la plupart du temps choisis pour leur facilité de prononciation et parce qu'ils appartiennent à l'univers familier de l'enfant. C'est ainsi qu'il articule très tôt « maman » et « papa », des mots faciles à dire et qu'il a beaucoup entendus. Ces premiers mots sont tellement attendus par les parents que ceux-ci repèrent immédiatement la moindre association de sons s'en rapprochant (voir question suivante).

Par rapport aux prouesses phonétiques du babillage, les premiers mots semblent parfois pauvres « musicalement », mais ils s'appuient le plus souvent sur lui. L'étude systématique de ces productions montre une plus grande fréquence de mots faits de syllabes composées de consonnes occlusives, labiales ou dentales et de voyelles. De leur côté, les enfants qui ont établi leur babillage sur des consonnes vélaires comme le « g » ou le « k » en font un large usage dans leurs premiers mots. Ces derniers sont souvent bisyllabiques, composés d'une seule syllabe répétée ou de deux très proches : ce sont les fameux « bobo », « dodo », « lolo », « tato », etc. Comme pour toutes les acquisitions, la parole demande de la part de l'enfant envie et entraînement, car les coordinations sensori-motrices de la parole sont particulièrement complexes et rapides.

Petit conseil

Au stade des « proto-mots », votre rôle est important dans la diversification du vocabulaire de votre enfant et dans l'élaboration d'une conversation faite de phrases un peu plus longues. Beaucoup de parents profitent des échanges avec leur bébé pour éveiller sa curiosité en sollicitant son attention (« regarde », « écoute », « sens »), en pointant du doigt des choses remarquables ou encore en utilisant des interjections (« oh ! », « ah ! »). L'évolution du langage de l'enfant dépend énormément, à ce stade, de la qualité et de la quantité du langage de ses parents et de toutes les personnes qui s'occupent de lui.

POURQUOI LES PREMIERS MOTS QUE PRONONCE UN BÉBÉ SONT-ILS TOUJOURS « PAPA » ET « MAMAN » ?

C'est ce que croient les parents, et ça leur fait tellement plaisir ! En fait, « papa » et « maman » ne sont pas les premiers mots dits par un enfant, mais ils appartiennent au groupe de tête.

Ainsi, les parents prennent leur désir pour la réalité : ils interprètent ce qui n'est encore que simple babil comme un mot, comme une manifestation affective consciente. L'enfant peut émettre des sons qui prennent valeur de mot pour ses parents et, inversement, il peut dire quelque chose qui, à son stade de développement langagier, est pour lui un mot auquel son entourage ne prête aucune attention.

Cela étant, « papa » et « maman » appartiennent bien au premier vocabulaire. Le linguiste Roman Jakobson en apporte la preuve : il a montré que la plupart des bébés du monde commencent par émettre les sons « ma », « pa » et « ba ». Pour lui, ce sont des sons communs à tous les hommes parce qu'ils reposent sur la physiologie humaine.

Le bébé, encore incapable d'articuler, émet un « a » spontanément lorsqu'il ouvre la bouche, un « p » s'il garde les lèvres fermées et un « m » s'il expire le son par le nez. Roman Jakobson a établi que les premiers sons prononcés reposent d'abord sur la voyelle « a », associée aux consonnes « p », « m », « b », « t » et « d » puis, dans une deuxième étape, sur les voyelles « o », « i », « ê » et la consonne « k ». D'autres étapes marquent sa progression, pratiquement toujours dans le même ordre.

De son côté, le linguiste Claude Hagège livre cette réflexion sur le mot « mère » et sur sa forme familière et affective « maman ». Dans un très grand nombre de langues, le mot « mère » commence par une consonne bilabiale « m », « p » ou « b ». Ces consonnes sont ainsi nommées parce qu'elles se prononcent avec les lèvres, ce qui est relativement facile pour le bébé. En effet, celui-ci, dès sa naissance et grâce au réflexe de succion, sait parfaitement mobiliser et mettre en mouvement les muscles qui permettent de faire bouger ses lèvres. Le malentendu qui conduit les parents à croire que leur enfant les nomme est d'ailleurs une bonne chose : cela les encourage à dialoguer encore plus avec ce bébé qui les reconnaît comme parents. Ils deviennent papa et maman une seconde fois.

LE SAVIEZ-VOUS ?

Lorsque votre bébé dit « maman » ou « papa », il ne vous appelle pas, il vous nomme d'abord comme un objet, puis comme une personne à laquelle il est attaché. De plus, à l'âge du babil, il est assez fréquent que l'enfant dise « maman » ou « papa » à ses deux parents sans faire la différenciation : ne vous en inquiétez pas, pour lui, sa mère comme son père appartiennent à l'entité parents. Il fait parfaitement la distinction entre les deux, mais ne sait pas encore les qualifier de deux mots différents.

FRANÇOISE DOLTO A DIT : « TOUT EST LANGAGE. » QUE SIGNIFIE CETTE EXPRESSION ?

La célèbre psychanalyste Françoise Dolto a développé tout au long de sa vie cette affirmation. Le langage, c'est bien sûr celui des mots, mais c'est aussi celui de la gestuelle et du corps.

L'enfant, dès sa naissance, met tous ses sens au service de la communication : il observe, écoute et établit ainsi un lien et un sens avec le langage et avec le monde qui l'entoure. Les mots lui sont indispensables pour intellectualiser les situations, les mémoriser afin d'être plus tard capable de réagir à toutes les situations. Le nourrisson, encore bien incapable de s'exprimer par des mots, entend et reçoit des « sons-mots ». Il ne peut pas leur donner de signification exacte mais son intuition lui en apprend beaucoup sur la relation affective que l'adulte entretient avec lui.

L'enfant, dès le début de sa vie, pense en termes de langage, et sa compréhension ne se fait que par instinct. Petit à petit, il retient les mots accompagnés de mimiques, de caresses et de gestes. Aux sensations qu'il éprouve alors, agréables ou désagréables, il accroche des mots. Avec l'âge, et si la communication mère-enfant et père-enfant s'est déroulée naturellement en lui apportant de vraies informations, il est capable de tout comprendre. Pour Françoise Dolto, rien ne doit être dissimulé à l'enfant, tout peut lui être expliqué.

Ce sont les mots qui permettent à l'adulte de faire comprendre à l'enfant ce qu'est la réalité, ce sont eux encore qui lui apporteront le sens du présent, du futur et du passé. Les mots, notamment au moment de la séparation indispensable pour que l'enfant acquière son autonomie, deviennent alors des « mots auditifs » transitionnels, qui l'aident à supporter l'absence de ceux auxquels il est le plus attaché. De même, l'autorité, la discipline ne peuvent s'exprimer autrement que par des mots : la conversation a une valeur inégalable dans cette tâche éducative.

Petit conseil

Françoise Dolto conseillait aux parents d'expliquer à l'enfant avec des mots simples, mais justes, le pourquoi des choses banales et des événements, même chargés d'émotion comme un deuil, un divorce, des problèmes financiers, des brouilles. Respecter l'enfant, c'est ne l'exclure d'aucun événement familial. Il faut honorer le travail de Françoise Dolto qui nous a appris à parler aux bébés pour les mettre, dès la naissance, dans un bain de langage.

DANS NOTRE COUPLE, NOUS AVONS CHACUN NOTRE PROPRE LANGUE MATERNELLE. NOTRE ENFANT PEUT-IL ÊTRE BILINGUE DÈS LE BERCEAU ?

À la naissance et jusqu'à 6 mois environ, les bébés sont doués pour toutes les langues.

Pourtant, ils ont déjà une nette préférence pour la langue qu'ils ont entendue *in utero,* la langue maternelle au sens littéral du mot.

Il semble qu'un bébé reconnaisse la langue maternelle essentiellement par l'intonation. Il est tout à fait capable de comprendre plusieurs langues, voire d'être bilingue très tôt. Le meilleur âge pour apprendre une ou deux langues reste la première année, en raison des exceptionnelles capacités de perception et d'imitation que l'enfant possède alors. Les résultats les plus probants s'observent sans conteste dans les familles où chacun des parents a sa propre langue maternelle, ou encore dans les familles immigrées, à condition que les parents cultivent avec ferveur leur langue d'origine. En effet, les réussites de cet apprentissage précoce sont liées à la qualité des réponses de la mère ou du père au babillage de leur bébé et à leurs relations affectives. L'enfant effectuera la même démarche d'apprentissage avec chacune des langues : écoute, sélection des sons intéressants pour chaque langue.

L'enfant parlera, parfois un peu plus tard que les autres enfants, les deux langues de ses parents, sans confusion, après les avoir indifféremment gazouillées. Pourtant, l'étude de ces enfants bilingues au berceau montre que l'une ou l'autre des deux langues est toujours dominante. Les individus véritablement bilingues, c'est-à-dire qui possèdent parfaitement deux langues, n'existent pas réellement.

LE SAVIEZ-VOUS ?

Pour que le bilinguisme s'installe facilement chez l'enfant, il est recommandé que chacun des parents de langue différente lui parle naturellement, dans sa propre langue et uniquement dans cette langue, car l'enfant a besoin d'avoir des repères fixes. Le bilinguisme ne posera aucun problème à l'enfant qui a un bon développement. En revanche, pour un enfant qui connaît des difficultés, il peut se révéler un facteur aggravant.

QUELS SONT LES OBJETS QUI PEUVENT FAVORISER LE DÉVELOPPEMENT DU LANGAGE DE NOTRE ENFANT ?

Aujourd'hui, les livres entrent très tôt dans l'univers ludique des bébés. En carton, en tissu, en plastique, ce sont des outils majeurs du langage. Le livre permet à l'enfant, dès l'âge de 10-11 mois, d'accéder à un

monde différent de celui qui l'entoure, d'élargir son univers vers l'imaginaire ou le réel.

L'écrit constitue toujours une prise de distance avec les situations vécues. Offrir un livre à un enfant si petit signifie aussi que l'on veut entamer avec lui une conversation affective. L'enfant apprécie d'autant plus l'objet que ses parents le feuillettent avec lui, lui lisent les images, déchiffrent les textes, brodent sur les histoires. Le livre a pour fonction de symboliser le passage du langage parlé au langage écrit. On s'est aperçu que les enfants qui, plus tard, aiment les livres sont ceux qui ont fait connaissance avec eux au moment où ils commençaient à prononcer leurs premiers mots.

Les enfants sont sensibles au rythme du récit qui leur est lu, ils savent rapidement que les signes écrits sur les pages sont porteurs de sens. Même si les mots ou les tournures de phrases paraissent parfois difficiles, il est important de les délivrer tels quels pour donner à l'enfant le goût de la musique des mots, pour enrichir son vocabulaire et le familiariser avec des formes grammaticales. Il aime notamment retrouver les mêmes histoires et vous pouvez donc les relire inlassablement. La stabilité du récit a pour lui une grande vertu. Elle le rassure.

Vous pouvez encore aider votre enfant à entrer dans le monde du langage en lui chantant ou en lui racontant des comptines. Celles-ci ont d'incroyables qualités. À leur drôlerie et à leur poésie, elles allient l'enrichissement du vocabulaire, la découverte du corps et du schéma corporel, l'entraînement à la mémorisation et l'initiation aux notions d'espace et de temps.

On constate que beaucoup de jouets d'éveil comme les tableaux d'activité, ou même le simple mobile qui danse au-dessus du lit de l'enfant, favorisent les vocalises. Certains hochets ont la forme d'un téléphone, mais ce jouet ne deviendra réellement utile dans le développement du langage que plus tard, avec l'apparition des jeux de « faire semblant ».

Petit conseil

Le livre idéal se définit comme celui que l'enfant regarde et écoute avec plaisir, qui lui offre une histoire à rebondissements avec des références à son quotidien sans qu'il en soit la copie, dans lequel l'enfant retrouve des émotions qu'il connaît bien, et qui lui procurent une vie affective fantasmatique.

NOTRE ENFANT DOIT BIENTÔT ENTRER À LA CRÈCHE. LA VIE EN COMMUNAUTÉ FAVORISE-T-ELLE L'APPRENTISSAGE DE LA PAROLE ?

À la crèche, comme à la halte-garderie, le bébé doué de communication va puiser dans tout son environnement les mots, les signes et toutes les possibilités de développement que ne lui offre pas son milieu. Il s'agit donc bien d'un enrichissement.

Entre deux enfants mis face à face, la communication s'installe d'abord par le regard : à 4 mois, ils peuvent se fixer pendant plus de quinze minutes sans broncher, se concentrant sur le visage et les mains de l'autre. Puis, ils cherchent à se toucher mutuellement, le plus dégourdi faisant le premier geste. Si l'un d'eux détourne le regard, attiré par quelqu'un d'autre, son vis-à-vis fait alors un geste de la main pour retrouver le contact et l'échange.

Un bon développement du langage passe par la rencontre précoce avec d'autres enfants, les plus doués « tirant » vers l'expression verbale ceux qui ont des difficultés. Les enfants sont à l'affût de la communication, on l'observe parfaitement lorsqu'ils sont en groupe. À l'âge de la crèche et du « quatre pattes », les échanges sont permanents. Les enfants se touchent entre eux, se parlent. On observe même un phénomène curieux : l'adulte qui cherche à intervenir dans leurs jeux provoque un silence immédiat. On s'aperçoit aussi que les enfants les plus demandeurs de relations avec ceux de leur âge sont souvent des enfants qui ne peuvent pas « dire » à leurs parents tout ce qu'ils voudraient, ceux-ci cherchant à leur imposer un modèle de pensée.

En grandissant, les enfants établissent entre eux un véritable code de communication gestuelle, reconnu par tous. Les plus actifs sont en majorité ceux qui sollicitent les autres et les entraînent dans la relation, s'exprimant par des mimiques particulières, des gestes et des vocalises. Leurs interlocuteurs répondent avec des sourires, des inclinaisons latérales de la tête, des balancements des bras et du haut du corps. Ces comportements se retrouvent chez les enfants qui aiment nouer des contacts.

D'autres enfants choisissent de s'exprimer de manière agressive, dans ce cas les gestes sont clairs : ouverture soudaine et large de la bouche avec vocalisation aiguë, suivie de la prise de l'objet convoité. Parmi les gestes les plus fréquents dans ce langage gestuel, il existe encore l'« offrande », don d'un objet réel ou fictif, ou même le geste d'offrir, la paume vers le haut et ouverte, pour faire semblant. Ce geste a aussi pour effet de calmer les enfants qui pleurent, même si l'offrande est faite par celui qui est à l'origine des pleurs, et de mettre fin aux comportements agressifs.

Une étude faite par deux équipes universitaires montre une meilleure acquisition du langage chez les enfants qui sont gardés à l'extérieur de la famille. Il semble que la pluralité des partenaires adultes oblige l'enfant à avoir recours au langage pour se faire comprendre alors que la relation à deux laisse davantage de place à l'implicite, le recours à une assistante maternelle étant le meilleur mode de garde dans ce domaine.

Petit conseil

Ne soyez pas effrayé si votre enfant mord les autres, ni en colère s'il a été mordu par un de ses camarades. L'enfant qui mord manifeste ainsi son avidité de communication. Mieux vaut ne pas le punir, car la punition l'amène paradoxalement à croire que ce comportement est un moyen de communication, actif et durable, avec ses proches. Il faut simplement lui faire comprendre qu'il fait mal aux autres et lui expliquer qu'il existe d'autres moyens pour entrer en contact avec les autres.

Les grands repères de l'évolution du langage	
Développement psychomoteur	**Développement du langage**
À 1 mois	
• Il lève la tête de temps en temps. • Placé sur le ventre, il fait de la reptation. • Il se met en position assise lorsqu'il est maintenu. • Il suit des yeux un objet de couleur vive. • Il fixe du regard le visage de ses parents et cesse de pleurer à leur approche ou à leur voix.	• Il réagit aux bruits. • Il reconnaît la voix de sa mère. • Il émet des petits bruits gutturaux. • Il cesse de pleurer quand on lui parle.
À 2 mois	
• En position assise, il tient la tête droite un court moment. • Sur le ventre, il soulève la tête et les épaules. • Il se retourne de côté sur le dos.	• Il émet quelques vocalises. • Il exprime des petits cris de joie.
À 3 mois	
• Lorsqu'il est assis, il maintient sa tête droite. • Sur le ventre, il s'appuie sur les avant-bras. • Il agrippe son drap et le tire vers lui. • Il tient un hochet et l'agite de mouvements involontaires. • Il joue avec ses mains. Il tourne la tête pour suivre un objet. • Il s'anime à la vue du biberon.	• Il jase. • Son expression favorite est « a-reu ». • Il adore qu'on lui parle.
À 4 mois	
• Sur le ventre, il a les jambes en extension ; sur le dos, il soulève sa tête et ses épaules. • Il cherche à prendre le jouet qu'on lui présente. • Il secoue vigoureusement son hochet en le regardant.	• Il répond à la voix par des vocalises. • Il rit aux éclats. • Il tourne la tête quand on l'appelle.
À 5 mois	
• Il se tient assis avec un léger soutien. • Debout, il commence à s'appuyer sur ses jambes. • Il ramasse le hochet qui est à sa portée. • Il saisit un cube et le tient tout en regardant le deuxième. • Il tend la main vers un objet offert. Il sourit au miroir. • Il n'aime pas être longtemps seul.	• Il pousse des cris de joie, rit en manipulant les objets. • Il s'initie aux jeux de variations sonores, d'imitation et d'intonations.

Les grands repères de l'évolution du langage

Développement psychomoteur	Développement du langage
À 6 mois	
• Il peut supporter son poids sur ses jambes, si on le tient debout. • Il reste assis quelques instants, bien installé sur son séant. Les cuisses écartées, les yeux grands ouverts, il découvre le monde. • Il tient fermement dans la main ses premiers jouets. Pour les objets plus gros, il utilise ses deux mains pour les porter à la bouche et les dévorer avec enthousiasme. • Il se sert de la paume de sa main pour attraper et tenir, plus particulièrement la partie proche de l'auriculaire.	• Il gazouille avec délectation en faisant rouler les « r » au fond de la gorge. • Il fait claquer sa langue. • Il répond sans se lasser aux sollicitations de ses parents. • Il reconnaît son prénom.
À 7 mois	
• Il tient assis seul de courts moments. • Il saisit deux cubes, un dans chaque main, et ramasse les objets avec la main en râteau. • Il porte ses pieds à sa bouche. • Il tend la main vers le miroir.	• Il fait la correspondance entre le mouvement des lèvres et le son émis. • Il babille en prononçant en alternance des syllabes et des consonnes.
À 8 mois	
• Il se soulève pour s'asseoir et tient bien assis. • Debout, il tient ses jambes par jeu. • Il saisit les objets avec le pouce et passe facilement un objet d'une main à l'autre. • Il participe au jeu de coucou. • Il reconnaît ses jouets favoris, aime caresser ses peluches. • Il cherche un jouet perdu et adore jeter ses jouets.	• Il adore taper et faire du bruit. • Il associe des syllabes : « ba-ba, da-da ». • Il commence à comprendre des mots lorsqu'ils sont dans leur contexte. • Certains enfants sont curieusement silencieux.
À 9 mois	
• Il se tient debout avec appui et fait des mouvements de marche si on le soutient. • Il marche à quatre pattes. • Il saisit entre le pouce et l'index. • Il tire un jouet par une ficelle et agite un grelot. • Il connaît un certain nombre de gestes répétitifs. • Il commence à avoir peur de ceux qui ne lui sont pas familiers. • Il mord souvent.	• Il s'exprime dans sa langue maternelle. • Il babille en émettant des sons faits de deux syllabes. • Il sait faire les gestes de « bravo » et de « au revoir ».

Les grands repères de l'évolution du langage

Développement psychomoteur	Développement du langage
À 10-11 mois	
• Il se met debout grâce à un support, tient avec appui et lève un pied. • Il retrouve un objet caché. • Il met un objet dans un autre et cherche l'objet caché dans un autre. • Il imite les expressions et les gestes. • Il teste ses parents au moment des repas et du coucher.	• Il repère un son. • Il imite les expressions et les gestes. • Il comprend « non ». • Il reconnaît les mots hors de leur contexte et en comprend une trentaine dans leur contexte. • Son expression est nettement marquée par sa langue maternelle. • Il dit ses premiers mots.
À 1 an	
• Il se déplace seul, à quatre pattes. S'il est précoce, il reste debout « comme un grand », en se tenant aux meubles ou entièrement seul. Il marche le long des meubles et avance, tenu par la main. • Il tient seul, mais des deux mains, sa tasse de lait, ramasse les miettes de son repas et trace à pleines mains ses premiers dessins. • Il saisit les objets en faisant pince avec son pouce et son index. • Il répète des actes pour rire. • Il exprime ses sentiments, amour souvent, jalousie parfois, et teste de temps à autre son pouvoir sur ses proches en les faisant enrager.	• Il donne un ordre : « veux » « donne ». • Il dit 3 mots et va enrichir son vocabulaire de 6 à 8 mots empruntés à ses activités favorites : manger, sortir, jouer, embrasser. • Il commence à comprendre les questions simples et les notions de « dedans », « dehors », « ici » et « là ». • Il imite les animaux. • Il réussit à prononcer les débuts ou les fins de mots. • Il dit « papa », « maman ».

De 1 à 3 ans

Jamais, à aucun autre moment de sa vie, l'enfant ne retrouvera une telle compétence pour le langage. Il découvre les mots et s'approprie le monde.

COMMENT VA ÉVOLUER LE LANGAGE DE NOTRE ENFANT APRÈS 1 AN ?

Après 1 an, l'acquisition du langage entre dans une phase locutrice, celle où l'enfant va apprendre des mots, puis s'exprimer par des « mots-phrases », essentiellement composés de mots juxtaposés.

Au cours de cette période, les parents, encore plus qu'avant, encouragent leur enfant à les imiter en lui proposant de répéter deux, puis trois phonèmes. L'enfant est d'autant plus coopérant que ce qu'on lui propose d'apprendre fait partie de son univers. Mais les mots ne jaillissent pas du jour au lendemain. L'enfant tâtonne : il utilise, selon les cas, des proto-mots ou des groupes de syllabes, très proches du mot qu'il veut dire. Il ne constitue pas son vocabulaire en répétant ce que lui dit l'adulte tel un perroquet, il imite, en prenant le temps d'analyser les sons et en réfléchissant à la manière dont il va les prononcer. Il est d'ailleurs attiré par les mots qui sont nouveaux et ceux qui sont inattendus.

Petit à petit, il construit son système de prononciation, simplifiant les termes qu'il ne réussit pas encore à dire correctement pour des raisons mécaniques. Il peut même éviter de dire des mots trop compliqués pour lui, des mots dont il comprend le sens mais dont il sait pertinemment qu'il lui est impossible de les prononcer.

Les premiers termes sont souvent sélectionnés pour leur facilité de prononciation. C'est encore le moment où l'enfant « invente » des vocables lui servant à désigner des objets familiers ; seuls ses proches sont alors capables de les traduire. Certains mots lui servent aussi à nommer plusieurs choses, les psychologues les appellent les « mots-valises ». Souvent, les parents interprètent ces mots comme des demandes. En fait, le plus fréquemment, l'enfant les utilise simplement pour désigner un objet, une personne ou un événement.

Parmi les tout premiers mots que dit l'enfant, il y a presque toujours « non », qui exprime un simple refus de situation ; ce n'est qu'un peu plus tard, vers 2 ans, que ce petit mot prendra toute sa valeur d'opposition.

Le préverbiage est essentiellement lié à la vie quotidienne, notamment à tout ce qui touche les repas, le sommeil, les jeux, bref, tout ce qui est très proche de l'enfant. La richesse et la nature de ce premier vocabulaire concernent essentiellement le milieu familial. À ce stade, encore plus qu'aux stades précédents, la naissance et l'enrichissement de la parole sont affaire d'interaction entre l'adulte et l'enfant. Voici, par exemple, comment il acquiert le verbe « boire » : l'enfant a faim, crie, sa mère lui apporte son biberon, tout en lui parlant d'une voix douce pour le consoler et l'aider à patienter. Il est alors heureux, le plaisir l'envahit. Peu à peu, il va relier le son du mot « lait » ou « biberon » à l'objet même et, bientôt, il fera la relation entre ces deux mots et l'action de boire.

L'acquisition intelligente des symbolisations se fait par étapes, elle aide à la mise en place du langage en permettant à l'enfant de relier l'objet vu aux sons qui le désignent. Cette symbolisation sera d'autant plus rapide que l'enfant ressent une utilité, un plaisir à maîtriser la langue. C'est durant la deuxième année que l'enfant accroît sa compréhension du langage. Bien que son vocabulaire soit encore approximatif, il apprend qu'un même mot peut avoir plusieurs sens. Vous ne devez pas vous inquiéter si votre enfant semble parfois stagner dans l'acquisition de nouveaux mots de vocabulaire, généralement il comprend beaucoup plus qu'il ne dit. Apprendre à parler requiert

Petit conseil

Rien ne vaut un imagier pour apprendre à nommer les objets de la vie quotidienne. L'enfant aime regarder les images, celles des choses et des animaux qui l'entourent. Il sait d'abord les reconnaître lorsqu'on les lui nomme, et il commencera à répéter leur nom après vous. Les premières leçons de langage seront efficaces si vous partez du connu de l'enfant pour lui proposer des énoncés nouveaux dont une partie lui est compréhensible.

une activité cérébrale où l'intelligence a une grande place : l'enfant doit faire correspondre un objet, une personne, un acte, et plus tard une pensée, à une forme sonore : le mot, puis la phrase.

CERTAINS ENFANTS PARLENT UNE DRÔLE DE LANGUE, UN JARGON FAIT DE MOTS INCOMPRÉHENSIBLES, POURQUOI ?

Beaucoup d'enfants, vers 18 mois, s'expriment en effet de manière étonnante, ils forment de longs discours qui ressemblent à s'y méprendre à de vraies phrases s'enchaînant sur le ton de la conversation.

L'auditeur attentif reconnaît parfois quelques mots mais, le plus souvent, le flot de paroles est tel qu'il est bien difficile de comprendre quoi que ce soit à ce jargon. Généralement, l'enfant choisit ce mode d'expression lorsqu'il est en société, que le débat est animé autour de lui, ou lorsqu'il joue avec un téléphone. L'enfant est dans un stade intermédiaire : il a la musique de la langue, mais n'en connaît pas toutes les subtilités. Son babillage est fait des sonorités des mots de sa langue apprise par imitation.

Son expérience lui a enseigné que tout ne se dit pas sur le même ton. Il joue avec les intonations qui marquent le langage courant fait d'interrogations, de demandes, d'exclamations, de réprimandes. L'enfant imite la mélodie des discours des adultes, sans en différencier les mots. Quand il passera au stade du mot et de la phrase, il saura se servir des tonalités qu'il aura expérimentées pour se faire comprendre de ses proches.

Les linguistes qui portent une autre attention que les parents à ce mode d'expression ont repéré un certain nombre de séquences syllabiques stables correspondant toujours

LE SAVIEZ-VOUS ?

Ne lui montrez pas trop que vous le comprenez, ne devenez pas son traducteur, c'est ainsi que vous l'aiderez à progresser. Lorsque vous distinguez clairement des mots dans le jargon de votre enfant, vous pouvez les relever et les lui répéter. C'est une manière de l'aider à entrer dans l'étape suivante. Sachez que l'enfant cherche d'abord à prononcer des noms, laissant pour l'instant de côté les verbes, les adjectifs, les adverbes. Vers 15 mois, âge classique du jargon, les enfants manifestent une réelle frustration de ne pas pouvoir parler, alors qu'ils comprennent presque tout ce qu'on leur dit.

aux mêmes situations, noyées dans un flux de création pure.

Les parents s'amusent souvent de cette manière de parler, notamment lorsqu'ils constatent que leur bébé les imite, à la suite par exemple d'une conversation un peu vive entre eux ou au téléphone. Il est étonnant de constater que ce jargon est bien marqué par la langue maternelle, au point qu'une personne étrangère pourrait s'y tromper. Ce jargon ne nuit en rien au développement normal du langage, au contraire il le prépare.

AU COURS DE SA DEUXIÈME ANNÉE, UN ENFANT APPREND QUANTITÉ DE MOTS NOUVEAUX. COMMENT FAIT-IL ?

L'acquisition du vocabulaire se fait en grande partie par différenciation d'un mot générique au départ. Ainsi « wawa », qui signifiait dans son esprit tous les animaux, va perdre peu à peu de sa globalité grâce à l'expérience.

Cette onomatopée va coexister avec « ha » pour le chat, « fan » pour l'éléphant en peluche et ainsi de suite jusqu'à ce qu'elle ne signifie plus que « chien », un mot que l'enfant est alors prêt à prononcer et qui cohabitera quelques jours ou quelques semaines encore avec l'expression « wawa », plus facile à prononcer.

Petit conseil

Il lui arrive de dire des mots très drôles ou d'en associer de manière amusante. Ces premiers mots d'enfant sont fortuits et involontaires à 2 ans. Écrivez ses expressions dans un petit carnet pour être certain de ne pas les oublier.

L'enfant considère le mot comme un tout et c'est sa mélodie qu'il mémorise. Autour de 18 mois-2 ans, il s'aperçoit que la composition des mots obéit à des règles qu'il essaie de respecter, tout en étant capable d'en inventer à partir de sa logique personnelle. L'acquisition du vocabulaire, véritable explosion langagière entre 1 et 4 ans, ne se fait pas à un rythme constant. Le nombre de mots nouveaux appris augmente progressivement entre 12 et 18 mois. Au moment de l'apparition de la fonction symbolique, la cadence s'accélère brusquement et l'enfant peut parfois apprendre jusqu'à vingt mots nouveaux par jour.

Les mots justes pour différencier les choses, les animaux et les personnes vont naître par contraste et opposition. Ainsi apparaîtront des catégories : l'animal « chien » se définira un jour, vers 4-5 ans, comme un basset, un griffon, un caniche, etc. Il faut attendre que l'enfant ait acquis une bonne maîtrise de la langue pour qu'il joue réellement avec les mots. Il ne sera capable de cette prouesse que dans un an environ.

QUAND NOTRE ENFANT VA-T-IL PASSER DU MOT À LA PHRASE ?

À partir de 18 mois, l'enfant commence à s'exprimer avec des phrases. Ce sont d'abord des phrases qui ne comptent qu'un mot, monosyllabique, formé sur la dernière syllabe du mot qu'il veut exprimer, ou bisyllabique, fait d'une même syllabe répétée.

L'enfant peut aussi utiliser des onomatopées ou un vocabulaire venu du langage « bébé », employé par les adultes pour lui parler. La majorité des enfants ont alors à leur disposition une cinquantaine de mots. Ils en changent l'intonation pour passer de la « phrase constat » à celle qui exprime une demande.

Puis, l'enfant essaie d'associer les mots pour construire des embryons de phrases : « parti papa », « enco gâto ». Comme pour les mots, il va expérimenter et tâtonner avant d'y parvenir. Il commence bien évidemment par des phrases composées d'un nom et d'un verbe, le plus souvent marquant une action : « partir », « sortir », « promener », « arrêter », etc. Ses phrases ne sont pas parfaites, mais elles sont assez compréhensibles pour être efficaces. Afin de progresser, l'enfant procède par analogies, puis associe analogies et expériences vécues. Quotidiennement, il repère dans le discours de ses parents des mots nouveaux, des formes inconnues qu'il pourra utiliser.

LE SAVIEZ-VOUS ?

On constate souvent que ce sont les enfants qui ont été les moins précoces à prononcer des mots qui disent les premiers des phrases. Ils emploient généralement des expressions comme « veux pas », « tiens », « est beau », qui seront combinées ensuite avec des mots pour constituer des petites phrases.

DANS L'APPRENTISSAGE DE LA LANGUE, LA GRAMMAIRE POSE-T-ELLE DES DIFFICULTÉS PARTICULIÈRES À UN ENFANT ?

Les adultes ont toujours l'impression que ce sont les règles grammaticales qui sont les plus compliquées à acquérir dans une langue. C'est sans doute vrai pour l'adulte

apprenant une autre langue que la sienne, mais pas pour l'enfant qui s'initie à sa langue maternelle.

L'enfant acquiert les règles de base de la syntaxe avec une rapidité étonnante. Ce don très particulier a sans doute une part innée, renforcée par la structure des jeux de langage entre adultes et enfants. Les parents s'expriment en respectant la syntaxe de la langue et aident ainsi l'enfant à acquérir un langage correct. Généralement, lorsque l'enfant commence à dire des phrases, il garde presque toujours l'ordre des mots imposé par sa langue maternelle, les enfants bilingues respectant le plus souvent l'ordre des mots caractéristique de chacune des deux langues.

Il faudra relativement du temps avant que l'enfant se serve de la première personne. Il parle de lui à la troisième personne ou en utilisant son prénom. Le « moi » précédera de quelques semaines le « je ». Puis, ses préoccupations et son langage évolueront, et ne seront plus uniquement centrés sur lui-même. Il vivra quelque temps encore en grande partie au présent, et saura ensuite envisager le futur immédiat. Il sera bientôt capable d'évoquer un objet caché, ou une personne absente, et se souviendra d'un événement immédiatement passé, mais la notion réelle de passé sera plus tardive.

Dès 20-24 mois, les enfants emploient les articles et les marques de genre. De même, les compléments d'objet et les formules négatives sont bien placés. Ils savent utiliser les expressions « a pas » et « a plus ».

C'est grâce au développement de sa mémoire et à une acquisition importante, la « permanence de l'objet », que l'enfant peut se représenter un objet ou une personne qu'il n'a pas sous les yeux. Il sait alors que l'objet existe sans pour cela le voir ou le tenir. Cette notion est fondamentale pour le développement du langage, puisque le mot est la représentation symbolique de quelque chose ou de quelqu'un qui est soit présent soit imaginé. La notion de permanence de l'objet s'acquiert avec les jeux de coucou et de cache-cache.

POURQUOI LES TOUT-PETITS NE RÉUSSISSENT-ILS PAS D'EMBLÉE À PRONONCER LES MOTS DE FAÇON CORRECTE ?

Les difficultés de prononciation des enfants sont dues en partie à un appareil phonatoire différent de celui des adultes. L'évolution de cet appareil va permettre à l'enfant de s'exprimer de plus en plus clairement.

En effet, au fil des mois, le larynx de l'enfant se modifie et prend la courbure à angle droit, nécessaire à une bonne articulation langagière. Sa langue s'affine et s'allonge et peut se mouvoir d'avant en arrière, l'apparition des dents l'oblige parallèlement à reculer sa langue dans la bouche.

C'est seulement à l'âge de 4 ans que l'enfant acquiert la maîtrise complète de ses lèvres et du bout de sa langue. Il est donc tout à fait naturel qu'un enfant de 2 ans montre encore quelques difficultés de prononciation. Les plus classiques sont le zozotement et le son « an », prononcé « un ». Ces légères difficultés peuvent avoir des origines différentes, d'ordre aussi bien physiologique que psychologique.

L'incapacité à prononcer les « s » correctement est due à un défaut de déglutition, associé à un mauvais positionnement de la langue. C'est un souvenir de l'époque où le bébé était encore au sein ou au biberon. Pour téter, l'enfant interpose sa langue entre ses gencives. Normalement, après l'apparition des dents de lait, sa langue reste à l'intérieur de l'arcade dentaire, mais il lui arrive de garder le positionnement antérieur. De plus, l'enfant est souvent gêné par une langue un peu volumineuse par rapport à sa bouche. Il déglutit encore comme un bébé, suce son pouce, une tétine ou un doudou. Il se peut aussi qu'il veuille rester « le bébé de sa maman ». Bref, il a des tas de bonnes raisons pour ne pas prononcer les sifflantes correctement et manifeste un zozotement plus ou moins prononcé.

Si votre enfant zozote, il vaut mieux ne pas intervenir. En effet, ce trouble, qui disparaît naturellement vers 3-4 ans, a toutes les chances de persister si vous exercez trop de pression : en exigeant de votre petit enfant de répéter correctement derrière vous le mot mal prononcé, vous provoquez de sa part une crispation de la langue et des lèvres et la production de sons hypertoniques. Le zozotement risque alors de s'intensifier et de devenir un vrai trouble qui devra être rééduqué.

Les autres défauts de prononciation sont très souvent dus au simple fait que l'enfant n'a pas découvert naturellement la position

Petit conseil

Pour aider l'enfant à acquérir la prononciation de la lettre « r », deux orthophonistes, Mazy Barraud et Valérie Alis, conseillent aux parents un petit jeu que les enfants vont adorer, consistant à faire le tigre. Pourquoi ne pas organiser un concours de rugissements ou une chasse aux félins dans votre maison ou votre appartement ?

de la langue et de la bouche pour bien dire la lettre. Il se peut aussi qu'il n'ait pas bien fait la différence phonétique entre certaines lettres. Ainsi, rares sont les enfants qui prononcent bien les « r », que ceux-ci soient placés au début, au milieu ou à la fin d'un mot. En fait, le son de cette lettre n'appartient pas à leur système phonétique. L'enfant apprend en percevant la sensation de sa langue sur l'arrière de sa gorge.

Les parents sont parfois étonnés de constater que leur enfant prononce mieux les mots nouveaux de son vocabulaire que ceux qu'il utilise depuis longtemps. Les linguistes expliquent ce phénomène par le fait que les mots nouveaux bénéficient immédiatement de ses nouvelles capacités de prononciation, alors que les mots anciens restent dans une forme archaïque bien mémorisée, et d'autant plus ancrée que ces mots auront été largement répétés.

Les enfants ayant été opérés d'une fente labiale à la naissance rencontrent souvent des difficultés de prononciation au moment de l'acquisition du langage, nécessitant alors une rééducation orthophonique précoce afin que tout rentre dans l'ordre. Cette anomalie touche un enfant sur mille, elle consiste en une fente de la lèvre supérieure d'un seul côté ou des deux. Elle peut être isolée et ne toucher que la lèvre, ou totale avec une fente de la gencive et du palais. La chirurgie réparatrice à la naissance permet à l'enfant de téter puis de poursuivre une évolution normale sur le plan du langage.

Il peut aussi arriver que l'enfant bégaie. Rassurez-vous, cela n'a rien à voir avec un véritable trouble du langage. Ce comportement peut avoir une double origine. Certains enfants bafouillent et bégaient lorsque les mots leur viennent à toute allure. En fait, ils n'arrivent pas à contrôler leur débit. Pour d'autres enfants, c'est leur pensée qui va plus vite que leurs paroles et il leur faut souvent chercher leurs mots. L'émotion, la nervosité, la fatigue ne les aident pas, ils doublent aussi fréquemment certaines syllabes... mais ils peuvent le faire par jeu.

Reprendre systématiquement un enfant qui prononce mal ne l'aide pas. Il vaut mieux lui proposer de jouer avec les sons difficiles

Petit conseil

Il est préférable d'éviter de corriger ou de dire les mots à la place d'un enfant qui bégaie car cela ne fait qu'augmenter la tension. En effet, toute pression excessive peut transformer une difficulté passagère en une difficulté chronique.

afin qu'il apprenne de lui-même à placer sa langue correctement par rapport à ses toutes nouvelles dents.

UN ENFANT DE 2 ANS QUI S'EXPRIME AVEC UN VOCABULAIRE BEAUCOUP PLUS RESTREINT QUE CELUI DE SES PETITS AMIS DE LA MÊME SECTION À LA CRÈCHE EST-IL EN RETARD ?

Certains enfants de cet âge n'utilisent qu'un vocabulaire très courant : « papa », « maman », « lit », « pain », etc., et se refusent même à faire des phrases. Bon nombre d'entre eux s'expriment ainsi car ils ne voient pas l'intérêt de se compliquer la vie, puisque leur entourage les comprend très bien.

Ce trouble se rencontre plus particulièrement chez les enfants prématurés. On oublie toujours que ceux-ci sont moins mûrs que les enfants du même âge. Pour bien évaluer leur retard de langage, il faut corriger leur âge.

Pour d'autres enfants, c'est leur quasi-silence qui inquiète les parents. Là encore, il n'est pas nécessaire de s'alarmer, ce n'est pas parce qu'un enfant dit très peu de mots qu'il est en retard. Beaucoup d'enfants écoutent d'abord avec une grande attention, pendant de longues semaines, avant de se lancer dans une conversation. Ils se mettront à parler tout à fait correctement d'un seul coup, essentiellement quand ils ne pourront plus faire autrement pour se faire comprendre.

Les troubles graves du langage sont rarement isolés. Ils sont parfois associés à des problèmes d'ordre affectif ou à une instabilité psychomotrice.

POURQUOI NOTRE ENFANT DIT-IL TOUJOURS NON ?

Dès 1 an, l'enfant sait très bien ce que signifie ce petit mot. Vers 1 an et demi, il l'intègre à son vocabulaire et montre ainsi son besoin d'autonomie.

Il va l'adopter et le dire « pour un oui ou pour un non ». En réalité, un enfant de 2 ans traverse une phase d'opposition. S'opposer n'est pas totalement nouveau pour lui, il le faisait déjà à quelques mois avec plus ou moins d'intensité, en détournant la tête, en poussant des cris ou par des manifestations physiques telles que diarrhée ou régurgitation. Le langage lui donne maintenant la possibilité de dire ce qu'il exprimait auparavant avec son corps.

Mais la première difficulté d'un enfant de cet âge va être de comprendre pourquoi ses parents disent « non » à certaines de ses propositions ou situations alors que, eux, se les permettent : il y a donc derrière ce petit mot une assurance, un pouvoir que l'enfant souhaite acquérir. C'est pourquoi il va dire « non » à pratiquement tout, pour le simple plaisir de prononcer ce mot. Il ne faut donc pas que vous preniez ce mot au pied de la lettre, cela ne signifie pas une opposition systématique, c'est un plaisir de la langue que l'enfant s'offre sur tous les tons et à tout propos.

Le laisser faire, c'est lui laisser le temps d'évaluer toutes les facettes de ce mot magique. Il suffit de renouveler la demande une ou deux fois pour constater que ce « non » peut vouloir exprimer un « oui ». L'enfant ne manque pas de logique, il se pose simplement en être autonome, capable de disposer de lui, ce qui ne veut pas dire qu'il n'est pas d'accord avec ce que ses parents lui proposent. Il cherche avant tout le dialogue.

Avec le temps et l'expérience, les interdictions des parents deviendront de plus en plus insupportables pour l'enfant qui veut être actif dans la vie. Ses sentiments sont alors partagés entre l'amour et l'hostilité qu'il ressent pour celui qui interdit et porte atteinte à son autonomie. Pour sortir de cette situation angoissante, l'enfant décide de choisir l'agressivité et dit « non » à son tour, pris dans un phénomène d'identification.

Il semble que les mères aient davantage de mal à supporter le « non » que les pères. Elles y voient souvent une manifestation d'un caprice de la part de leur enfant. En fait, elles seraient partagées entre le souhait de rendre leur enfant plus autonome et la crainte de le laisser de jour en jour leur échapper un peu plus. Vers 2 ans et demi, il saura dire « oui ».

LE SAVIEZ-VOUS ?

L'éducation, à ce stade du développement, est affaire de compromis. Pour persuader l'enfant, par exemple, qu'il va devoir changer d'activité, il est préférable de le prévenir un moment à l'avance. Cela ne l'empêchera pas de dire « non », mais avec beaucoup moins de vigueur, puisqu'il aura eu un peu de temps pour intégrer le changement qu'on lui impose. Les discussions sont fréquentes et, par la parole, chacun sort d'une position stérile de repli sur soi et engage le compromis, fondement d'une vie sociale normale.

QUAND NOTRE ENFANT AURA 2 ANS, COMMENT ÉVOLUERA SON LANGAGE ?

C'est au cours de la deuxième année que le vocabulaire de l'enfant va croître et embellir de manière spectaculaire. Il va aussi être de plus en plus précis.

Le nombre de mots connus et prononcés augmente alors considérablement. Ces mots appartiennent autant à son univers qu'à celui de l'adulte, mais ses nouvelles acquisitions sont toujours puisées dans le registre adulte. Les mots gagnent aussi en sens. Il existe toujours des termes génériques mais, peu à peu, l'enfant fait des distinctions et apprend quotidiennement que chaque chose est désignée par un mot différent.

L'enfant de 2 ans aime que ses parents lui apprennent des termes précis, parfois même il les réclame. Ensuite, il s'amuse à les repeter sans cesse pour etre sur, le moment venu, de les retrouver. Sa parole est de plus en plus libre, et il essaie spontanément d'exprimer ses besoins et ses désirs. L'imagier et les livres des contraires sont de bons outils pour ces nouveaux apprentissages. L'enfant les apprécie beaucoup car il commence à être intéressé par les comparaisons.

Entre 24 et 36 mois, l'enfant acquiert un mot par heure. Son vocabulaire est composé en majorité de noms désignant des choses concrètes : objets, animaux et personnages connus, par exemple les héros de ses albums favoris. L'analyse fine de ce que les enfants disent fait apparaître un vocabulaire de 175 mots à 21 mois, de 700 à 800 mots à 2 ans et demi et de 1 000 mots au moins à 3 ans.

Les premières phrases suivent naturellement, elles sont appelées « holo-phrases ». Celles-ci sont composées de mots représentant en fait une phrase contractée, et naissent souvent quelques mois après l'utilisation des « mots-phrases », faits de la juxtaposition de deux mots. Ce sont des groupes de deux ou trois mots, sans pronom ni article, comportant des verbes employés à l'infinitif, avec parfois des adjectifs ou des adverbes. L'enfant comprend parfaitement ce qu'on lui demande, même si c'est un peu compliqué : il peut aller chercher un jouet situe dans une autre pièce que celle où il est pour le rapporter et le poser à un endroit défini.

Vers 18 mois, au moment de l'apparition de la fonction symbolique, l'enfant passe du langage « itératif », celui de l'imitation des sons entendus, au langage « génératif », qui se caractérise par la création d'associations de mots pour des énoncés nouveaux. Le passage de l'un à l'autre n'est pas brutal, il est plutôt de l'ordre du glissement, il est donc assez difficile à repérer par les parents.

L'enfant adore parler et éprouve une grande joie à constater que ses parents le comprennent. Leur attention est primordiale pour lui donner l'envie de communiquer et de s'entraîner à en dire toujours plus et mieux. L'enfant qui apprend à parler fait des hypothèses sur le sens des mots et la construction des phrases qu'il prononce, ce qu'il dit est donc profondément révélateur de ce qu'il pense. Certains enfants aiment s'adonner à de longs monologues, une fois qu'ils sont seuls dans leur lit, avant de s'endormir. Il semble que ce ne soit plus uniquement un jeu, comme lorsque l'enfant était plus petit, mais une manière de donner un sens à ce qu'il a vécu dans la journée. Les expériences marquantes sont ainsi racontées et interprétées.

Le développement du langage des mots produit en parallèle des changements dans le langage des gestes. Certains signaux corporels disparaissent alors qu'à l'inverse, d'autres se renforcent. Les mots servent à appuyer le langage des gestes et viennent souvent compléter une demande gestuelle qui n'a pas été comprise. Dans le même temps, par imitation, l'enfant commence à reproduire des gestes qu'il observe chez ses proches.

Petit conseil

Les mots qu'un enfant de 2 ans prononce sont souvent déformés. N'imaginez pas lui faire plaisir en parlant comme lui. Le « parler bébé » ne le fait pas progresser. Il peut de lui-même s'apercevoir qu'il y a une différence entre ce qu'il dit et ce que ses parents formulent, et ses difficultés le mettent bien souvent en rage !

FAUT-IL S'INQUIÉTER D'UN ENFANT DE 2 ANS QUI SEMBLE TOUT COMPRENDRE MAIS NE PARLE PAS ?

Il faut distinguer dans l'expression orale des enfants de cet âge la compréhension et l'expression. Certains développent un retard de langage à l'insu de leurs parents qu'ils ont leurrés en affichant une bonne capacité de compréhension, alors que leur expression est défaillante.

Les parents disent de ces enfants qu'ils comprennent tout alors qu'ils ne parlent que par signes, montrant du doigt ce qu'ils veulent. Mais cette façon de s'exprimer interdit la parole. En effet, l'expression et la compréhension se métissent toujours pour faire naître un bon langage. Il faut aussi se méfier des enfants qui refusent de parler et utilisent un frère ou une sœur comme traducteur, celui-ci comprenant de manière anticipée les besoins de son cadet. Demandez alors à l'aîné de ne plus comprendre et dites au petit que vous ne saisissez pas pourquoi il ne s'exprime pas. D'une manière générale, on s'aperçoit que les troisième et quatrième enfants d'une famille ont tendance à parler plus tard que leurs aînés.

Les enfants très gâtés, trop infantilisés pour leur âge, montrent aussi parfois des retards de langage. Ils n'ont pas envie de devenir grands et préfèrent rester les « bébés de leur maman ».

D'autres enfants s'expriment peu par timidité. Généralement, celle-ci naît devant une situation inconnue ou face à un adulte étranger. C'est la peur, évidente ou refoulée, de décevoir un juge, bien souvent le parent auquel l'enfant est le plus attaché. Se sentant dévalorisé, l'enfant est incapable de faire face, il a peur de ne pas être à la hauteur de ce qu'on lui demande. La timidité n'est pas héréditaire, elle ne se transmet pas de parents à enfant. En revanche, un enfant peut être timide par ressemblance. Vous avez transmis à votre enfant beaucoup de vos caractères avec vos chromosomes. Mais ce qui se joue le plus intensément entre lui et vous est de l'ordre de l'identification : il vous ressemble aussi parce que vous lui plaisez.

Enfin, certains enfants attendent d'avoir construit un système de pensée très élaboré avant de parler et, en quelques semaines, ils se révèlent avec un vocabulaire varié et des phrases composées de plusieurs mots. Ce sont des observateurs appliqués, qui aiment les livres et les histoires. Ils se permettent de sauter allègrement les étapes classiques.

La plupart des enfants qui ne parlent pratiquement pas à l'âge de 2 ans utilisent généralement des expressions corporelles. On considère qu'ils ont assimilé l'existence des codes de communication si ces expressions corporelles sont assez significatives pour leur permettre de se faire comprendre. Ces enfants ne vont pas tarder à parler. On

LE SAVIEZ-VOUS ?

Pour aider l'enfant dans l'expression orale, il faut l'encourager, lui dire que l'on croit comprendre ce qu'il veut mais que les mots lui permettraient d'être très précis dans son désir, donc d'être bien mieux satisfait.

considère, chez un enfant ne souffrant d'aucun handicap, que les problèmes de langage n'existent pas avant 3 ans. Rassurez-vous, Einstein, bien que capable de parler, n'a pas dit son premier mot avant 5 ans !

QUELLE EST L'INFLUENCE DES LIVRES DANS L'ACQUISITION DU LANGAGE CHEZ UN ENFANT ?

La lecture est l'occasion d'une intense communication enfant-adulte. Face aux images, l'adulte stimule l'attention de l'enfant, explique, apporte des mots nouveaux, introduit la notion de temps et d'espace.

L'enfant se concentre à la recherche du moindre détail, fait des commentaires, pose des questions. La voix du lecteur est très caractéristique : elle berce, chante, s'arrête, repart, produit des onomatopées, elle n'a pas son ton habituel, c'est la « langue de l'écrit », avec sa ponctuation et sa structure.

L'histoire se pose telle une pièce de théâtre, avec des arrêts sur image pour prendre le temps de regarder et de parler. Le livre cultive l'imaginaire des enfants et, tout naturellement, ceux-ci se servent des mots et des expressions qu'ils ont pu rencontrer au fil des pages pour animer leurs jeux. De page en page, de livre en livre, l'enfant s'aperçoit que les objets qui appartiennent à son environnement peuvent avoir des représentations différentes, tout en restant la même chose : la voiture, la fleur, l'ours, la table, la chaise, le lit, quelle que soit leur forme, se disent toujours avec le même mot. De plus, l'objet que l'enfant connaît en volume devient plat, tout en ne changeant ni de fonction ni de dénomination. Quand il prononce le nom de ce qu'il voit sur les images, quand il le répète, il sait très bien que ce n'est pas pour s'approprier l'objet mais pour retrouver le plaisir intellectuel de le reconnaître, de le dire et de l'imaginer. Car le livre entraîne toujours dans un monde de rêve et de fantaisie.

L'album illustré offre à la fois un récit par l'image et un récit écrit qui, pour l'instant, est lu à l'enfant. Il est toujours étonnant de constater l'attention du jeune lecteur qui, pourtant, ne comprend pas tout ce qui lui est dit : il écoute, apprécie la musique des mots qu'il entend et ressent souvent une certaine émotion. C'est pourquoi il aime que ses parents lui relisent sans cesse les mêmes histoires, il est ainsi rassuré de retrouver les mêmes émotions, sous-tendues par tous ces mots qu'il a emmagasinés dans sa mémoire. La permanence de l'histoire a un effet apaisant car ce qui est écrit est immuable.

Le livre est connaissance des choses, des personnes, des animaux et des situations. Grâce à lui, l'enfant apprend à réfléchir, à accéder à la pensée logique. Le livre l'invite à la rencontre d'un autre, qui a sa propre sensibilité sur la vie, la transmet avec ses mots et son style d'écriture, qui exprime souvent ce que l'enfant voit et que ses parents ont du mal à lui expliquer.

Peuplés d'ours, de lapins, de souris ou de bébés, les livres racontent des histoires simples qui cachent bien des subtilités. Ils permettent notamment de dédramatiser les petits et les gros soucis quotidiens. Le récit imaginaire aide à prendre de la distance vis-à-vis des situations vécues comme angoissantes, grâce à l'attente des rebondissements et à un dénouement heureux.

Petit conseil

Choisissez avant tout des livres qui vous plaisent, sur le plan tant de l'histoire que de l'illustration. N'hésitez pas à sélectionner ceux qui vont aider votre enfant à comprendre le sens de la vie : des histoires pour savoir qui on est, d'où l'on vient, mettant en scène les sentiments d'amour, de peur, d'altruisme, de tristesse, de joie, etc.

LES ACQUISITIONS, DANS LE DOMAINE DU LANGAGE, SE FONT-ELLES AU MÊME RYTHME POUR TOUS LES ENFANTS ?

Il existe dans le développement du langage de grandes différences d'un enfant à un autre, et même parmi les enfants issus de la même fratrie. Il y a des enfants précoces : l'un marche de bonne heure, l'autre parle déjà comme un grand, bien avant ses pairs. En revanche, tous passent par les mêmes étapes.

Ces étapes se produisent toujours dans le même ordre, mais à des moments différents du développement. Ce sont les différences d'un enfant à un autre qui sont normales. Elles se construisent sur des bases à la fois génétiques et environnementales. Chaque enfant est unique sur le plan génétique, et même si une fratrie partage un patrimoine héréditaire identique, chacun de ses membres est le résultat d'une combinaison génétique originale.

Un enfant acquiert sa propre personnalité alors même qu'il n'est pas encore né. Pendant neuf mois, il évolue *in utero* dans un univers bien à lui, sous l'influence du milieu où vit sa mère. Celui-ci se modifie en permanence. Ainsi, les enfants naissent chacun avec un bagage intellectuel différent, même s'ils sont aussi proches que des frères et sœurs. L'éducation, les événements familiaux ou sociaux qui marquent leur vie, vont accentuer les caractères et les potentialités en matière de développement. L'inné représente 80 % du potentiel du bébé, mais c'est par les 20 % d'acquis que se font les communications et les actions précoces avec l'environnement, l'entourage et les parents. Rien n'est possible sans l'acquis.

Chaque enfant a sa propre façon de s'exprimer et développe des codes relationnels bien à lui. Le développement du langage, comme toutes les autres acquisitions, n'aura pas tout à fait le même profil, le vocabulaire ne se développera pas à l'identique, les phrases n'apparaîtront pas exactement au même moment ni dans une forme semblable pour tous.

LE SAVIEZ-VOUS ?

Ne comparez pas vos enfants entre eux. Considérez que chacun a sa personnalité propre : certains enfants sont expansifs, d'autres sont plus réservés. C'est en cultivant les différences que l'on fait la richesse d'une famille et que l'on évite les sentiments de jalousie parfois dévastateurs.

L'enfant dispose congénitalement de la faculté de parler, mais ce sont les capacités de son entourage immédiat qui vont lui permettre de s'exprimer plus ou moins bien, plus ou moins rapidement. C'est ce qui explique par exemple les grandes disparités de production langagière en fonction du milieu socio-économique et culturel de la famille.

CHEZ UN ENFANT, L'INTELLIGENCE JOUE-T-ELLE UN RÔLE DANS L'APPRENTISSAGE DU LANGAGE ?

Les tests pour mesurer l'intelligence des enfants reposent essentiellement sur une évaluation des capacités en matière de langage. Pourtant, rien ne prouve scientifiquement une correspondance ente le langage et le développement cognitif.

Tous les apprentissages s'appuient d'abord sur ce que les psychologues appellent « la réaction d'habituation ». Celle-ci est essentielle puisqu'elle permet à l'enfant de faire le tri parmi toutes les informations qu'il reçoit et de sélectionner celles qui lui sont indispensables à retenir. Il est intéressant de savoir qu'un enfant préfère concentrer son attention sur ce qui est nouveau pour lui et sur ce qui est compliqué. Puis vient l'apprentissage de type associatif : telle action entraîne telle autre, tel mot se dit dans telle circonstance ou face à tel objet ou telle personne, de même un objet, ou une personne, parce qu'il ressemble à tel autre, porte le même nom. Mais pour apprendre, encore faut-il savoir traduire une sensation en une perception, celle-ci signifiant que la sensation a été analysée par le cerveau.

L'enfant apprend ensuite des schémas sensori-moteurs et cognitifs qui vont aboutir à la mise en place de circuits qu'il utilisera au cours de toute sa vie.

Enfin, la mémoire est bien sûr essentielle pour tout apprentissage. Les informations données par les sens sont codées et transmises au cerveau, soit sous une impulsion de type électrique, soit sous forme de synthèse d'une molécule. Ce qui est appris est mis en boîte dans plusieurs structures neurologiques du cerveau. Il y aurait un constant va et vient pour accéder à des fonctions comme la comparaison et la vérification. La mémoire de l'enfant est d'autant plus parfaite que son appareil neuronal est « neuf ».

Pour l'Américain Gerald Edelman, Prix Nobel de médecine, la mémoire repose sur les catégories que crée le cerveau. Le nouveau-né perçoit d'abord le langage globalement et mémorise des séquences vocales sans en comprendre le sens. Puis, peu à peu, il distingue les mots et, enfin, apprend leur signification. L'enfant agit de même avec les innombrables informations que lui procurent ses sens lorsqu'il est en état de veille. C'est ainsi qu'il établit un système de reconnaissance à partir d'informations codées et stockées dans des unités cérébrales spécifiques. C'est à 2 ans que le cerveau est totalement « fini », avec ses 30 milliards de neurones comportant plus de 100 000 milliards de synapses. On sait aujourd'hui que le cerveau ne se développe normalement que

Petit conseil

Ne vous inquiétez pas si votre enfant donne du « papa » à tous les hommes qu'il rencontre et du « maman » à toutes les femmes. Son intelligence est intacte et même extrêmement performante. À un certain stade de développement du langage, tous les hommes sont des papas et toutes les femmes des mamans pour l'enfant, ce qui ne l'empêche pas de savoir qui est son père et qui est sa mère. Cela étant, s'il vit une situation de recomposition familiale, il peut avoir un peu de mal à s'y retrouver parmi tous ses parents.

s'il reçoit de façon précoce des stimulations variées et nombreuses.
Deux chercheuses français, Odette Brunet et Irène Lézine, ont mis au point le test de Brunet-Lézine, qui permet une évaluation très précoce de l'intelligence. Ce test s'appuie sur l'observation des performances phoniques, des capacités de reproduction de certains gestes, témoignant d'un intérêt chez l'enfant pour la communication avec autrui, et sur la compréhension de l'interdit et du don.
À 10-11 mois, l'enfant possède pratiquement tout ce qu'il faut pour que se mettent en place le langage, la marche, l'acquisition de la propreté et la capacité de s'opposer. Afin de passer d'un stade de développement à un autre, il a besoin de s'entraîner. Pour être acquise, une performance doit être répétitive et permanente, elle est toujours précédée d'une phase de réussite fortuite et aléatoire.
Le langage fait intervenir trois types de structures – intellectuel, neuro-moteur et affectif –, qui sont intimement mêlés. Chaque stade de développement apporte à l'enfant des moyens différents de l'étape précédente, ainsi que des objectifs qu'il établit en fonction de ce qui semble le plus important pour lui, à un moment précis de son existence.

NOTRE ENFANT DIT TRÈS PEU DE MOTS, MAIS FAIT UNE FOULE DE GRIMACES. EST-CE UNE MANIÈRE POUR LUI DE COMMUNIQUER ?

En grandissant, les mimiques du premier âge ont laissé la place aux grimaces. Chez l'enfant de 2 ans, les grimaces sont un véritable mode d'expression. Elles sont d'autant plus diverses et nombreuses qu'il est encore incapable de tout dire par des mots.
Les grimaces viennent spontanément sur le visage de l'enfant, et c'est l'interprétation des parents qui leur donne toute leur valeur. Certaines d'entre elles deviennent ainsi positives, d'autres négatives. Les parents et les proches ont parfois du mal à s'y retrouver : agression ou amusement ? Une même grimace peut vouloir dire mille choses.
Dans les crèches, les grimaces sont aussi variées que multiples, fleurissent comme autant de messages adressés à l'autre, chaque groupe d'enfants possédant ses propres mimiques : ici un clin d'œil, là une bouche tordue ou les doigts dans le nez. Aux nouveaux venus de comprendre les conversations des habitués et d'essayer sur eux leurs propres messages. Chez certains enfants, la grimace-langage prend tellement d'importance que le bon usage de la parole peut s'en trouver retardé. Les autres enfants

et adultes lisent tout sur leur visage, pourquoi se fatigueraient-ils à user de mots ? Lorsque la parole est bien en place, la grimace va prendre un sens nouveau. Les enfants ont maintenant compris qu'il s'agissait là d'un langage régressif, aussi vont-ils l'utiliser soit pour jouer au bébé, soit pour faire le clown, soit encore pour se moquer ou provoquer l'adulte. Les grimaces ressemblent à s'y méprendre à des gros mots.

Des observations ont mis en évidence que ce sont les enfants les moins bavards qui en usent le plus, avec un répertoire très étendu. Le dialogue par les mimiques, comme celui avec les mots, s'apprend avec l'usage. L'enfant sait très vite différencier une « bonne grimace » d'une mauvaise, en observant la réaction des adultes. Cette observation lui indiquera aussi dans quelles circonstances la même grimace est drôle ou devient impolie. Tout un art fait de subtilités.

La troisième année est celle de la ritualisation. La moindre grimace fonctionne comme un signal. Tout comportement exprime quelque chose, alors que les combinaisons de comportements s'amenuisent. L'observation d'enfants au sein d'un groupe du même âge montre, par exemple, que le comportement d'offrande, main tendue, tête penchée sur le côté, ou celui d'agression, est choisi en fonction du modèle parental. Les enfants qui expriment offrande et sollicitation vivent avec des parents communicatifs, verbalement et corporellement, ni trop agressifs vis-à-vis de leur enfant, ni superprotecteurs.

Petit conseil

Comment désamorcer un langage grimacier insolent et explosif ? En utilisant la dérision. L'enfant est toujours étonné de voir un adulte lui répondre par une grimace. Un concours de grimaces, s'il reste dans les limites de l'acceptable bien sûr, peut avoir des vertus éducatives et permet de réinstaller un climat de confiance qui se serait émoussé.

POUR QUELLE RAISON LES ENFANTS DE 2 ANS SONT-ILS AUSSI INTÉRESSÉS PAR LE TÉLÉPHONE ?

Cet objet, symbole de la communication, est devenu le premier jouet favorisant le développement du langage chez l'enfant.

Si à 1 an l'enfant est juste capable de saisir le combiné, de le mettre à son oreille et de dire « allô », à 18 mois, il décroche, écoute la voix d'un interlocuteur fictif qui lui parle, alors que lui-même n'est pas encore capable de bien articuler. À 2 ans, il joue vraiment avec le téléphone et s'invente un correspondant. Il a saisi la relation entre cet appareil et la communication qui peut s'instaurer avec les autres.

C'est le jouet parfait pour une incitation à l'expression orale et à l'imitation de l'adulte qui en use et parfois en abuse. D'ailleurs, lorsque les enfants téléphonent, ils reprennent toutes les expressions et les manies de leurs parents. Ainsi, ils savent assez vite qu'il faut ménager des pauses dans la conversation pour permettre à leur interlocuteur de s'exprimer, ils ont compris la valeur de l'échange dans la conversation.

Dès 2 ans, les enfants veulent se servir du téléphone des grands. Ils aiment qu'on les appelle et reconnaissent la personne qui est en ligne. Surmontant parfois leur étonnement, ils réussissent à prononcer quelques mots dans un langage bien à eux. Ils apprennent ainsi à s'exprimer et à raconter.

Petit conseil

Laissez votre enfant décrocher le téléphone familial et apprenez-lui à se nommer. Tous les enfants adorent jouer les standardistes : ils montrent ainsi qu'ils ont une place bien à eux, au sein de la famille. Malgré tout, méfiez-vous de l'usage précoce du téléphone portable car plus tard, à l'adolescence, votre enfant risque d'en user plus que de raison.

Les grands repères de l'évolution du langage	
Développement psychomoteur	**Développement du langage**
À 15 mois	
• L'enfant se met à genoux, se baisse pour s'asseoir et se relève seul. • Il marche mais cherche encore son équilibre, levant souvent les pieds plus haut que nécessaire. • Il monte les escaliers en rampant. • Il tourne son poignet pour porter sa cuillère à sa bouche. • Il construit une tour de trois cubes. • Il aime être le centre du monde et montre clairement ses sentiments.	• Il comprend en moyenne de 100 à 150 mots. • Il comprend des phrases simples. • Il parle un jargon personnel, mais il utilise des sons et des inflexions qui évoquent des mots connus. • Il répète des exclamations empruntées à ses parents telles que « hop ! » ou « eh bien ».
À 18 mois	
• Il monte les escaliers à quatre pattes en ramenant ses deux pieds sur la même marche et monte debout s'il est tenu. • Il court et marche à reculons. Il tape du pied dans un ballon. • Il tourne les pages d'un livre et boit seul à la tasse. • Il est fasciné par toutes les formes de fermetures : Éclair, Velcro, etc. • Il sait désigner les objets simples ou les animaux qu'on lui nomme. • Il peut analyser des situations simples et pragmatiques. • Il est capable d'exécuter des ordres qui font appel à l'évaluation et à la mémoire.	• Il connaît les parties de son corps. • Il sait désigner les objets simples ou les animaux qu'on lui nomme. • Il produit une cinquantaine de mots et en dit très bien 10 dont il connaît parfaitement le sens. • Il construit ses premiers mots-phrases.
À 21 mois	
• Lorsqu'il est assis, il maintient sa tête droite. • Il descend l'escalier main tenue. • Il fait une tour de cinq cubes ou les aligne pour faire un train. • Naissance de la pensée symbolique, les objets ne sont plus figés dans leurs propriétés intrinsèques. Ils changent de fonction, évoquent d'autres objets ou d'autres situations. • Il montre cinq parties différentes du corps sur une poupée. • Il fait ses premières recherches d'autonomie et devient curieux.	• Il comprend 200 mots en moyenne. • Il fait les premières catégorisations dans son vocabulaire. • Naissance de la pensée symbolique. • Il demande à boire et à manger.

Les grands repères de l'évolution du langage	
Développement psychomoteur	**Développement du langage**
À 2 ans	
• Il court avec plaisir, tape dans un ballon, monte et descend seul les escaliers, sans alterner les pieds, marche après marche. Quand il court, il a du mal à ralentir. Il aime bouger en cadence et adore danser. • Il est propre dans la journée et sait fort bien demander le pot ou aller lui-même aux toilettes. • Il joue habilement en empilant ses cubes, il construit une tour de six cubes, il tourne les pages de ses livres, assemble ses premières briques et imite les adultes. • Il tourne les poignées des portes, ouvre les couvercles des boîtes s'ils ne sont pas trop serrés, descend et monte les fermetures à glissière. • Il commence à « dessiner ». Curieusement, il saisit le crayon à pleine main. Il utilise aussi bien sa main droite que sa main gauche. • Il s'oppose avec vigueur et satisfaction. • Il aide à ranger ses affaires. • Il aime être avec les autres enfants tout en étant encore incapable de participer avec eux à la même activité. Il peut se laisser aller à une certaine agressivité. Il a parfois peur que ses parents ne le quittent.	• Son vocabulaire se développe très rapidement : il connaît de 250 à 300 mots. • Sa prononciation s'affine. • Son discours devient de plus en plus complexe. • Il a assez de vocabulaire pour décrire un objet familier. • Il possède une trentaine de mots associés. • Il connaît les pronoms possessifs et la négation. • Il s'initie au genre des mots et commence à avoir une première notion de nombre. • Il acquiert une première notion de syntaxe et prononce sa première phrase de 2 ou 3 mots.
Entre 2 et 3 ans	
• Il saute à pieds joints et marche sur la pointe des pieds, tient sur un pied et peut transporter un verre d'eau. Il sait pédaler. • Il enfile des perles, construit une tour de huit cubes et classe des objets selon leur forme et leur couleur. • Il manie les ciseaux, passe un bouton dans une boutonnière et se déshabille seul. • Ses dessins deviennent plus figuratifs. Il progresse très vite et ferme les boucles qui lui servent à imaginer ses premiers personnages. Cette ébauche du cercle correspond justement à l'âge où il prend conscience de son « moi ». • Il s'oppose souvent aux injonctions et fait de grosses colères lorsqu'il ne réussit pas à faire ce qu'il souhaite. • Les peurs sont plus fréquentes et les premiers rituels de coucher s'installent. • Il commence à s'identifier aux personnes de son sexe et peut se séparer de ses parents pour de courtes périodes.	• Il parle beaucoup, même lorsqu'il est seul. • Il commence à poser des questions. • Il utilise ses premiers pluriels. • Son vocabulaire s'enrichit de plus en plus. • Il adore apprendre des termes nouveaux. • Il fait ses premières phrases. • Il commence à chanter.

De 3 à 6 ans

L'école ouvre à votre enfant une porte sur le monde. Il apprend à écouter le maître et les autres enfants de sa classe. Il exprime de mieux en mieux ses idées. C'est maintenant un grand, qui est prêt à entrer dans le langage écrit.

NOTRE ENFANT APPROCHE DE SES 3 ANS. COMMENT SON VOCABULAIRE VA-T-IL ÉVOLUER ?

Le vocabulaire d'un enfant de cet âge s'enrichit de jour en jour. Son entrée à l'école maternelle va lui permettre de faire des progrès fulgurants, notamment dans les tout premiers mois de son intégration.

Prononcé pour la première fois, chaque mot nouveau est aussitôt assimilé, tout comme les tournures de phrases empruntées aux adultes. Cette évolution est le résultat de perfectionnements importants : l'enfant a une mémoire en plein développement, sa maîtrise du geste est de plus en plus fine et il a aussi le désir de faire comme un grand. Plus il fait, plus il parle : tout chez lui est alors en parfaite osmose.

L'enfant s'aperçoit qu'en parlant, il peut tout faire exister, même des histoires invraisemblables. Il découvre qu'il peut discuter de n'importe quoi et constamment, y compris avec des personnes qu'il ne voit pas, comme ses grands-parents au téléphone, ou à des choses ou des êtres qui ne disposent pas de la parole, comme son chien ou un jouet. Les noms communs forment les deux tiers de son vocabulaire, les noms de ses proches y entrent pour un sixième. Adverbes et interjections constituent le reste. Son vocabulaire atteint les 900 mots. Il utilise les articles, les pronoms ainsi que le passé et le futur.

Petit conseil

Votre enfant adore découvrir de nouveaux mots et il aime que vous lui expliquiez ceux qu'il ne comprend pas. N'hésitez pas à lui en donner l'étymologie.

Il parle très facilement et commence à poser des questions. Son vocabulaire se rapporte en partie aux domaines de la nourriture, des vêtements, de l'hygiène et des jouets. Il connaît son nom de famille, énumère sans difficulté ce qu'il voit sur une image, identifie les parties du corps, pose des questions. Il utilise certains mots à l'envers. Il dit par exemple « approcher » pour « éloigner », « éteindre » pour « allumer ».

L'enfant de cet âge utilise le langage de manière poétique, sociale et relationnelle.

QUELLE VA ÊTRE LA PROGRESSION DE NOTRE ENFANT DANS L'ACQUISITION DES NOTIONS DE GRAMMAIRE ?

L'étape décisive pour un enfant de 3 ans est la découverte du « je ». Elle est le résultat d'une parfaite appropriation de son schéma corporel et aussi de l'acquisition essentielle du langage. L'enfant se pose alors en individu capable de faire et de penser.

Tout cela le rend d'ailleurs assez autoritaire. Il utilise avec volupté le « je », associé à « vouloir », pour affirmer qu'il a bien organisé sa représentation du monde autour de sa personne : « Je veux = j'existe = je domine le monde. »

À 3 ans, il comprend les questions « qui ? », « où ? » et « comment ? », et sait différencier les couleurs, le grand et le petit, le loin et le proche. Il utilise le pronom personnel « moi » et conjugue les verbes. Il emprunte aussi à l'adulte des phrases toutes faites. Bon nombre de ses phrases commencent par le verbe (l'emploi du verbe « être » ou « avoir » étant encore assez fantaisiste), puis vient le sujet ; l'article est souvent absent. À cet âge, il expérimente la phrase composée de trois termes, celle d'ailleurs que l'adulte utilise le plus souvent lorsqu'il parle. Il va progresser de jour en jour. Il s'exerce à employer des outils grammaticaux, essentiellement l'adjectif et les prépositions, mais il a des difficultés de césure entre les mots et les genres. Petit à petit apparaissent les pronoms possessifs, le « mon » étant évidemment le premier à être bien employé. C'est par tâtonnement et par imitation de l'adulte que son expression verbale va se peaufiner.

La plupart des études montrent qu'un enfant de 3 ans comprend la majeure partie du langage qu'il utilisera toute sa vie dans une conversation courante. La fréquentation de l'école maternelle apporte beaucoup à l'enrichissement de son vocabulaire et à la construction de phrases. Apprendre à parler est indispensable pour le développement de sa pensée et pour qu'il puisse aborder plus tard l'apprentissage de la lecture. Les parents ont également un rôle important à jouer. Les voyages, les visites sont des moments propices pour décrire un paysage ou une situation cocasse et enrichir ainsi le vocabulaire de leur enfant. Multiplier ces occasions transformera la leçon de vocabulaire en jeu divertissant.

LE SAVIEZ-VOUS ?

À la sortie de l'école, ne submergez pas votre enfant de questions, il risque de ne pas vous répondre : il peut avoir quelques difficultés à évoquer des faits qui se sont passés il y a déjà quelques heures, et ne pas être capable de répondre à cette question qui vous paraît à vous toute simple : « Qu'as-tu fait à l'école ? », mais qui est pour lui d'une complexité insurmontable. De plus, son silence marque le début d'une vraie prise d'autonomie et de liberté : il a sa vie et vous avez la vôtre.

POURQUOI NOTRE ENFANT NOUS POSE-T-IL SANS ARRÊT DES QUESTIONS À PROPOS DE TOUT ET DE RIEN ? FAUT-IL TOUJOURS LUI RÉPONDRE ?

Ces questions jaillissent à tout propos, souvent crûment, et sont parfois mal vécues par les parents. Vers 4 ans, le développement intellectuel de l'enfant est important. Il sait que la réalité a plusieurs représentations et que les perceptions peuvent ne pas être constantes et identiques pour tous.

Il comprend encore que son entourage pense des choses dont il n'a pas forcément idée. Le goût immodéré de la découverte et sa bonne maîtrise de la langue le poussent à poser quantité de questions qui sont de deux ordres : cognitives et affectives. Dans un premier temps, elles portent sur le monde qui l'environne. Il est logique que l'enfant, ayant dépassé le stade de l'identification, s'intéresse maintenant à la découverte et à la conquête du monde. Les parents sont parfois désorientés face à des questions trop difficiles. Ils peuvent alors tout simplement dire à leur enfant qu'ils ont besoin de faire quelques recherches pour lui apporter la réponse la plus juste possible. Toute question demande une réponse si possible immédiate, simple et sincère. Jamais l'enfant ne doit avoir le sentiment que vous lui cachez volontairement quelque chose.

Les « pourquoi » affectifs concernent, eux, les secrets de famille, ils ne sont pas le résultat du hasard, l'enfant a perçu quelque chose, un trouble, une tristesse, une gêne. Les parents qui décident de répondre doivent le faire avec pudeur et sans tricher. Pourtant, certains secrets sont plus ou moins faciles à dire et plus ou moins utiles à connaître à 4 ans. Dans ce cas, l'adulte ne doit pas dissimuler son trouble et demander à l'enfant de le laisser réfléchir au problème. Parfois encore, les questions concernent des problèmes de société plus ou moins tabous. Il faut toujours avoir à l'esprit qu'une réponse non satisfaisante est source d'angoisse pour l'enfant.

Certaines attitudes sont de toute façon à éviter. Ainsi, il vaut mieux ne pas faire celui ou celle qui n'a pas entendu et ne pas chercher à éluder le problème en prétextant que ce n'est ni le moment, ni l'endroit pour poser de telles questions.

Petit conseil

Ne vous moquez pas de votre enfant, ne lui dites pas : « Tu sauras quand tu seras grand. » Évitez de lui répondre à voix basse, à côté de la question ou à la légère, de répliquer par une plaisanterie à une question très sérieuse ou, au contraire, d'entrer dans de trop nombreux détails.

NOTRE ENFANT DE 4 ANS FAIT BEAUCOUP DE JEUX DE MOTS. EST-IL PARTICULIÈREMENT FARCEUR ?

C'est l'âge où l'enfant aime jouer avec les mots. Il adore répéter à loisir des mots étonnants comme « crocodile » ou « hippopotame », à moins qu'il n'invente de nouveaux mots en sachant très bien qu'il en détourne l'usage pour faire rire les adultes.

Il lui arrive bien sûr d'avoir des surprises avec la syntaxe, avec l'utilisation des préfixes et des suffixes. Ce sont notamment les préfixes de contraires comme « de » ou « in » qui lui donnent les plus belles occasions de néologismes. Sa langue est vivante, créatrice, drôle. Ce sont ces fameux mots d'enfants que tous les parents aimeraient garder à jamais en mémoire et qui se transforment parfois en codes de complicité au sein de la famille. Ils témoignent ainsi à la fois d'une grande imagination et d'une vraie logique dans le raisonnement.

La majorité des jeux de mots sont d'abord involontaires mais, en grandissant, l'enfant va chercher à en créer, sachant pertinemment qu'il éveille ainsi l'intérêt de ses proches et leurs rires. Car vers 4 ans, l'enfant prend conscience qu'il peut jouer avec la réalité : il entame une période où il va adorer faire des farces. Pour faire ces blagues à bon escient, il a acquis ce que les psychologues appellent la « théorie de l'esprit ». C'est le moment de remplir un carnet de ses mots d'enfant. Vous verrez que c'est une véritable poésie familiale, faite de l'association magique des mots, un moment que vous ne devez en aucun cas oublier.

Aux farces s'associent les mensonges, petits mais vrais, destinés à tromper délibérément l'autre, et qui permettent de tirer un bénéfice personnel d'une situation. L'affabulation prend alors différentes formes : l'enfant dissimule une information ou la déforme. Quels qu'ils soient, ces mensonges n'ont jamais pour intention de nuire, car l'enfant ne possède pas encore de sens moral affirmé.

POURQUOI TOUS LES ENFANTS ADORENT-ILS DIRE DES GROS MOTS ?

Ce vocabulaire peu châtié peut apparaître vers 2 ans et demi-3 ans, notamment à partir du moment où l'enfant commence à fréquenter l'école maternelle. Sa première injure est le classique « caca boudin », suivi de près par les dérives autour du « pipi », du « caca », du « zizi ».

Selon la psychanalyse, l'enfant de cet âge est en plein stade sadique anal. La grossièreté de son vocabulaire est liée à sa sexualité et correspond aussi à la phase d'acquisition définitive de la propreté. Une étape dont l'enfant est fier mais qui lui laisse encore quelques inquiétudes. Ce qui est au fond du pot ou dans les toilettes, il aimerait bien y toucher, jouer avec... mais voilà, c'est défendu. Il va transgresser l'interdit en jouant avec les mots.

Curieusement, ces gros mots n'agressent personne. Ils ne sont d'ailleurs pas destinés à autrui. L'enfant les prononce tout simplement pour le plaisir. Ils servent bien souvent à connaître les limites imposées par l'adulte. Le fameux « caca boudin » n'aura qu'un temps : avec l'âge, le vocabulaire de votre enfant va changer, il empruntera alors ses gros mots aux adultes. Ces grossièretés ne sont pas provocantes et sont même dites avec une certaine jubilation. « Caca boudin » est aussi une expression codée que l'on s'échange entre copains, histoire de vérifier que l'on appartient bien au même groupe.

À partir de 4 ans, le vocabulaire de l'enfant devient beaucoup plus grossier. Il emploie alors souvent des mots dont il ignore la signification. Les jurons se diversifient et les enfants se les échangent notamment au moment de la récréation.

Les gros mots sont maintenant destinés à autrui. À l'école, ils servent à exprimer une agressivité. À la maison, ils peuvent montrer un besoin de rébellion, une recherche d'indépendance. Nombre de psychologues comparent ce moment à celui de l'adolescence. L'enfant teste les adultes, défie les limites imposées.

Les gros mots ne s'apprennent, pour la plupart, pas à la maison. Même si le vocabulaire des parents n'est pas toujours très châtié, celui des copains de classe est bien plus riche et intéressant. Dans la majorité des cas, les enfants de cet âge ignorent totalement le sens des mots qu'ils prononcent. Leur langage fleuri reflète simultanément l'influence que peuvent avoir les petits camarades d'école et un intérêt certain et naturel pour les fonctions du corps.

LE SAVIEZ-VOUS ?

En disant des insanités, votre enfant joue à l'adulte et se sent tout-puissant. Mais rassurez-vous, plus il va grandir, moins il va dire de gros mots. De lui-même, il va censurer son vocabulaire et l'utiliser à bon escient. Même si les gros mots ne s'apprennent pas, pour l'essentiel, à la maison, le vocabulaire familial entre dans les habitudes de l'enfant. Aux mots vulgaires peuvent s'ajouter ceux d'argot, qu'il utilisera naturellement comme un autre vocabulaire.

DEVONS-NOUS RÉPRIMANDER NOTRE ENFANT QUI DIT DES GROSSIÈRETÉS ?

Il vaut d'abord mieux en sourire et prendre votre mal en patience. Une réaction trop violente de refus et d'interdit dévoilerait à l'enfant le bon moyen de vous faire enrager. Cependant, si réellement il vous a choqué, il faut le lui dire.

Il est nécessaire d'expliquer à un enfant la signification du mot qu'il a prononcé et de lui faire comprendre que s'il veut qu'on le respecte, il doit aussi respecter les autres.

Certains mots doivent être clairement identifiés comme intolérables parce qu'ils blessent. Plus il sait ce qu'il dit, plus il limitera ses grossièretés. Il est souhaitable de lui faire remarquer qu'elles ne s'expriment pas en société.

Les gros mots servent de signes de ralliement entre copains, c'est comme se dire : « Bonjour, comment vas-tu ? » Au plaisir de l'interdit va très vite s'ajouter celui de la nouveauté et de la création. En effet, les enfants peaufinent avec malice le vocabulaire de leur propre langue verte, assez différente de celle de l'adulte. Leur imagination est, là aussi, très prolixe et souvent fort drôle. Bien sûr, ce sont toujours les fonctions naturelles et les parties du corps liées à la sexualité qui servent de base à leur création. Le nouveau mot fait en quelques minutes le tour de la classe et, à la récréation, entre dans le vocabulaire de toute l'école.

Évidemment, ces « gros mots » vont se transformer en injures au cours de pugilats entre enfants, ils permettent aussi d'extérioriser une bonne part d'agressivité autrement que par les gestes. Ce sont souvent les enfants qui expriment le moins leur colère ou leur désapprobation par le langage qui sont les plus violents physiquement et, *a contrario*, les plus peureux qui sont les plus brutaux en paroles.

À la maison, l'enfant utilise son vocabulaire de charretier avec ses frères et sœurs, ce qui peut, par ailleurs, être le moyen d'exprimer un sentiment de jalousie qu'il n'ose pas manifester ouvertement parce qu'il le sait désapprouvé. Mais ce n'est que débordé par la colère qu'il emploie ce vocabulaire avec ses parents. Lorsqu'il l'utilise devant eux, c'est plutôt de manière indirecte, il s'agit alors d'une simple provocation verbale pour voir jusqu'où il peut aller. Il cherche la manifestation évidente de l'autorité parentale.

Petit conseil

Ne le sanctionnez pas, mais apprenez-lui le plaisir des mots, utilisez des termes compliqués dont il vous demandera le sens. Vous constaterez alors que les mots grossiers vont diminuer dans son vocabulaire. Dans tous les cas, restez serein, c'est en dramatisant le problème que vous le fixez. Vous remarquerez d'ailleurs que votre enfant emploie souvent un langage grossier en présence d'un tiers n'appartenant pas à la famille.

Certains gros mots, réservés aux échanges entre copains, sont à éviter devant les grands-parents, et s'il prend à votre enfant l'envie d'en dire, envoyez-le calmer son envie dans sa chambre.

Bien des parents qui s'offusquent des grossièretés de leur enfant font preuve de mauvaise foi. En réalité, très souvent, leur enfant les imite. Ayez une attitude cohérente : ne vous accordez pas ce que vous ne lui permettez pas, et n'amenez pas votre enfant à culpabiliser en lui faisant croire que son vocabulaire le rend désagréable et méchant. Il faut garder à l'esprit que les gros mots appartiennent aux conquêtes langagières de tout enfant. Ils permettent des progrès considérables en prononciation et ce sont souvent les premiers mots dits par les enfants souffrant de troubles du langage.

QU'APPORTE LA SCOLARISATION À UN ENFANT SUR LE PLAN DU LANGAGE ?

L'école maternelle, une école sans programme, sans leçons et sans manuels, a pour mission première d'amener l'enfant à parler et à communiquer, dans un véritable dialogue, avec les autres enfants ainsi qu'avec l'institutrice.

Le petit écolier va rencontrer en maternelle le langage des autres élèves de sa classe et celui de la maîtresse, qu'il peut parfois avoir un peu de mal à comprendre. Celle-ci a pour vocation de parler continuellement avec les enfants et de les laisser s'exprimer très librement. Pratiquement toutes les activités organisées dans la journée ont ce but, et toutes les occasions de participer à des dialogues de plus en plus longs et complexes vont être données à l'enfant afin d'aborder la véritable discussion.

Tout commence par un travail autour du langage de l'évocation : l'institutrice encourage chaque enfant à faire revivre par des mots les événements passés ou ceux qui sont encore à l'état de projets. Être capable de telles évocations constitue pour l'enfant une véritable étape dans l'apprentissage de la langue. La vie scolaire est aussi pour lui l'occasion de discussions et de débats qui lui permettent d'aborder le passé comme le futur. Ce va-et-vient l'aide à acquérir de mieux en mieux les notions de temps et d'espace.

Dès 3 ans, l'école offre aux enfants le plaisir de découvrir les contes et leurs récits mythiques : le maître raconte, les enfants écoutent et répondent à ses questions portant sur la compréhension du texte. Il est important que l'enfant, qui n'est pas encore en situation d'apprendre à lire et à écrire, ait une imprégnation orale des mots et des structures de la langue écrite, renouvelée

par la rencontre quotidienne avec le livre. Mais la création « littéraire », qui entraîne le jeu avec les mots et la syntaxe, est aussi présente à l'école maternelle. Les enfants construisent un récit, le mettent en mots et en forme, le maître étant chargé du travail de retranscription en signes écrits. Cette activité permet aux petits écoliers de faire la différence entre la langue parlée et la langue écrite.
Autre objectif de l'école maternelle dans le domaine du langage : faire découvrir à l'enfant la manière dont les mots écrits expriment le langage et les réalités sonores de leur langue. Chansons, comptines et jeux de doigts sont mis à contribution et ont aussi pour fonction de leur faire découvrir que les paroles sont composées de sons et que les lettres de l'alphabet transcrivent ces sons.
Bien sûr, les enseignements de l'école maternelle sont encore plus primordiaux pour les enfants qui ont un développement du langage tardif. En effet, on constate que certains enfants, en arrivant à l'école maternelle, ne savent toujours pas s'exprimer dans un langage compréhensible. Ils en sont encore au babillage. Pour Laurence Lentin, chercheuse à la Sorbonne, l'acquisition et la structure du langage passent par l'audition d'une langue correcte que les enfants parleront ensuite.

L'explosion du langage se fait généralement vers 2-3 ans. Pour diverses raisons, celui-ci n'est pas toujours bien mené dans la famille : les parents n'ont pas le temps, ne savent pas comment s'y prendre ou encore cela ne les intéresse pas. L'école maternelle permet de rééquilibrer les différences et de compenser les défaillances des familles. La nature est faite de différences que les enfants vivant en communauté savent exploiter. Les décalages deviennent alors des avantages par le jeu des imitations. Chaque enfant a envie de faire comme l'autre, mieux que l'autre et avant l'autre.
La grande section de maternelle, tout en gardant pour objectif fondamental la maîtrise du langage oral, ouvre un autre cycle d'apprentissage dans lequel l'enfant va apprendre à lire et à écrire. L'apprentissage de la lecture passe par une attention particulière aux sons qui composent les mots. Mieux l'enfant maîtrise la langue orale, plus facilement il passera à l'écrit le moment venu. Pour s'engager avec succès dans cette nouvelle étape, il doit être en mesure de comprendre le principe qui gouverne le fonctionnement du code alphabétique en découpant les énoncés qu'il entend et les phrases qu'il voit écrites. Il faut aussi qu'il garde en mémoire la structure orthographique d'un nombre de mots de plus en plus

important, lui permettant un déchiffrage automatique de ce qu'il lit.

La dyslexie est souvent diagnostiquée au moment de l'apprentissage de la lecture et de l'écriture, et toucherait de 5 à 10 % des enfants scolarisés, dont deux fois plus de garçons que de filles. Pourtant, certaines difficultés dans le langage peuvent laisser prévoir ce trouble. Les enfants susceptibles d'être dyslexiques confondent phonétiquement les phonèmes sourds et sonores dont les articulations sont proches comme « bon » et « pont », « frais » et « vrai ».

Ces confusions de phonèmes sont le résultat d'une mauvaise organisation de l'espace et du temps. Plus la prise en charge de l'enfant est précoce, meilleurs sont les résultats. N'hésitez pas à demander conseil à titre préventif, sans qu'il y ait obligation d'un suivi médical immédiat.

NOTRE ENFANT DE 3 ANS FRÉQUENTE UNE ÉCOLE BILINGUE. POURQUOI PARLE-T-IL AVEC MOINS DE FACILITÉ QUE SES COUSINS DU MÊME ÂGE QUI NE CONNAISSENT QUE LEUR LANGUE MATERNELLE ?

Il n'est pas rare de constater, vers 3 ans, un certain retard de langage dans chaque langue. Il est indéniable que l'enfant qui apprend une deuxième langue doit assimiler deux fois plus qu'un enfant ne parlant que sa langue maternelle.

Ce retard est provisoire. À 4-5 ans, ces enfants ont exactement la même maîtrise du verbe, la même connaissance des nuances et des subtilités du langage que leurs congénères monolingues, et ce dans les deux langues ! Il arrive aussi aux enfants bilingues de mélanger les deux langues dans une même phrase, en mêlant des mots isolés ou des structures grammaticales. L'enfant puise ainsi dans un « fonds commun » aux deux langues, ce qui est le signe d'un vrai bilinguisme. Parfois, ils peuvent combiner des mots faits de morceaux de langues différentes, par exemple « caruture » pour « voiture ».

Cette pratique inquiète beaucoup les parents, mais à tort, car très vite les choses vont rentrer dans l'ordre. En fait, l'enfant n'a pas de troubles particuliers, il choisit simplement de s'exprimer avec le mot qui lui vient le premier à l'esprit, dont la sonorité lui plaît le plus ou encore celui qui est le plus facile à prononcer pour lui. Vers 5 ans, tous ces défauts ont disparu et l'enfant s'exprime alors correctement dans chacune des deux langues.

La langue dominante peut être celle de l'école, celle de la communication avec l'extérieur, pour la simple raison qu'elle est travaillée en classe, souvent de façon beaucoup plus riche que la langue apprise en famille, où les situations quotidiennes impliquent tant soit peu la répétition des mêmes conversations.

LORSQU'UN ENFANT DE PLUS DE 4 ANS DÉFORME LES MOTS, QUE FAUT-IL FAIRE POUR Y REMÉDIER ?

Vers 3-4 ans, l'enfant prononce encore mal les mots et ne dit souvent que les syllabes terminales. Si ces syllabes sont faciles, il les redouble. Il ne lui reste de sa petite enfance que quelques difficultés de prononciation, notamment celle du « r ».

Souvent, l'enfant remplace les « r » et les « ch » par des « p », des « m » ou des « b », des consonnes qu'il possède bien. Les déformations constatées ensuite, vers 4 ans, sont de nature diverse. Des troubles de l'articulation peuvent être à l'origine de déformations du langage : certains mots sont difficiles à prononcer car l'enfant zozote ou chuinte, il place mal sa langue par rapport à ses dents. Les syllabes « cha » et « sa » sont délicates à dire jusqu'à 4 ans et demi.

Ces troubles peuvent aussi venir d'un retard de langage : l'enfant déforme les mots en inversant certaines lettres ou en simplifiant des phonèmes, remplaçant les plus difficiles par d'autres plus simples, par exemple « gâteau » devient « toto ».

Ces déformations sont banales jusqu'à 4-5 ans, mais elles doivent être corrigées ensuite. Les troubles du langage doivent alors être identifiés et pris en charge, car ils peuvent entraîner des complications comme des difficultés scolaires ou psychiques.

Un retard du discours peut également être présent : l'enfant n'utilise pas la forme de la phrase, il utilise les verbes à l'infinitif, ignore les articles.

Enfin, un retard global peut réunir plusieurs formes de retard de locution. La plupart de ces troubles doivent être pris en charge et rééduqués par un orthophoniste qui, dans certains cas, demandera l'avis et l'aide d'un pédopsychiatre. Mis à part les handicaps lourds qui perturbent le développement de l'enfant et affectent notamment son langage, bien des difficultés sont dues à des facteurs affectifs et à des problèmes relationnels familiaux.

NOTRE ENFANT DE 4 ANS BÉGAIE. FAUT-IL S'EN INQUIÉTER ?

L'enfant sait parfaitement ce qu'il veut dire mais il n'y parvient pas. Les sons qu'il émet se répètent, se raccourcissent ou

s'allongent de manière involontaire. Très souvent aussi, sa respiration est irrégulière, il fait des grimaces, ne place pas correctement sa mâchoire et sa langue.

Il peut aussi être agité de mouvements du tronc. Le plus curieux, c'est que cet enfant est capable de parler tout à fait normalement quand il est seul, quand il chante ou discute avec des gens qu'il connaît bien. Les garçons semblent plus atteints que les filles. Le bégaiement fait penser à un passage en force de la parole, les mots ne viennent pas naturellement.

C'est quelque chose de normal chez un petit de 2-3 ans et l'on observe une phase de bégaiement chez la plupart des enfants les premiers mois de leur entrée en maternelle. Généralement, ce défaut ne dure pas. Pourtant, si l'enfant a une tendance à bégayer, il le fera dans 70 % des cas avant 5 ans et dans 95 % des cas avant 7 ans. Il semble que ce défaut de langage ait une part de génétique, puisque l'on constate que de 30 à 40 % de bègues naissent dans des familles ayant ce problème.

Le bégaiement peut être de deux sortes : chronique, avec répétition d'un même phonème souvent emprunté au premier mot, ou tonique, le blocage de la parole s'accompagnant de mouvements du corps et d'une rougeur du visage. Ce trouble du langage est le fait d'enfants émotifs. Très pressés de raconter tout ce qui leur arrive, ils ne réussissent pas à mettre en forme les mots. Ce

Petit conseil

Se moquer d'un enfant qui bégaie ou lui ordonner de parler correctement le met dans un état d'anxiété peu susceptible d'améliorer son défaut. Dans un premier temps, il vaut mieux lui laisser trouver le bon rythme d'élocution et l'aider simplement à finir ses phrases. Mais n'ignorez pas son trouble du langage, incitez-le à la discussion, posez-lui des questions et, s'il le faut, répondez à sa place : donnez de l'importance à la communication et non à la façon de parler. En réalité, trois enfants sur quatre arrêtent spontanément de bégayer, sans qu'une prise en charge soit nécessaire. Si cependant c'était le cas, adressez-vous à un orthophoniste spécialisé dans le bégaiement, les résultats obtenus sont souvent rapides si l'enfant est mis en confiance et encouragé.

trouble se rencontre plus volontiers dans les familles où l'atmosphère est tendue en raison d'une forte discipline, d'un autoritarisme important ou encore de difficultés financières. Les enfants expriment ainsi une tension et une nervosité latentes. Bien sûr, cette tendance au bégaiement s'accentue dès qu'il y a une perturbation d'ordre émotionnel : rivalité frère-sœur, forte pression éducative ou scolaire, déménagement ou séparation des parents. Le bégaiement peut alors apparaître du jour au lendemain. Si le bégaiement persiste au-delà de 4 ans, faites examiner votre enfant par un orthophoniste qui entreprendra une rééducation. Celle-ci consiste à réapprendre à l'enfant à coordonner respiration et articulation. Il existe aussi des stages intensifs axés sur une rééducation globale de la parole, du corps et de l'esprit. Les résultats sont spectaculaires chez les enfants motivés.

QUELLES SONT LES NOUVELLES ACQUISITIONS D'UN ENFANT DE 4 ANS EN MATIÈRE DE LANGAGE ?

L'enfant maîtrise de mieux en mieux sa langue. La fréquentation de l'école l'oblige à utiliser des formes grammaticales et syntaxiques qui rendent son langage accessible et compréhensible par tous.

Il découvre qu'il existe un langage collectif avec « plusieurs », le « nous » remplaçant le « je », etc. Enfin, son enseignant, par le chant, les poèmes et les comptines, l'initie à une langue poétique qu'il ignorait jusqu'ici. Son vocabulaire compte alors 2 000 mots.

Diverses études montrent que l'enfant utilise d'abord beaucoup de mots nouveaux, puis semble les oublier. Mais il saura les extirper de sa mémoire le jour où une situation adéquate lui permettra de les restituer. Parallèlement, en grandissant, il formule la phrase de manière de plus en plus complexe. Il juxtapose d'abord les phrases les unes aux autres pour construire un récit, puis il utilise des coordinations telles que « et », « ou », « mais » ; ensuite, il emploie très vite des propositions relatives introduites par « qui ».

Ses questions révèlent dorénavant une certaine maîtrise de la langue. Il ne demande plus uniquement « pourquoi ? » mais aussi « comment ? » et « quand ? ». Il conjugue de mieux en mieux les verbes. Au présent, il ajoute le passé et le futur. Il connaît aussi la forme passive et fait des tentatives avec le subjonctif. Pour lui, les leçons de grammaire sont instructives. Mais il apprend aussi en écoutant et en observant la manière dont les autres s'expriment ; ensuite, il en déduit des règles d'usage.

NOTRE ENFANT EST TRÈS TIMIDE ET SE MONTRE PEU BAVARD. COMMENT POUVONS-NOUS L'AIDER ?

Tous les enfants traversent un jour une phase de timidité. Elle se définit par la crainte du jugement d'autrui et l'enfant qui en est atteint se croit toujours le centre d'intérêt de la société et de son entourage.

La famille joue un rôle important dans l'installation définitive de la timidité ou dans son caractère passager. Les raisons de ce comportement peuvent être multiples et variées : un changement de maîtresse, un déménagement, la première invitation d'un ami... tout cela n'a rien à voir pourtant avec une timidité maladive. Toutefois, cette timidité peut se révéler handicapante à l'école, surtout à partir du CP. L'enfant est trop inhibé pour prendre la parole. Lorsque l'enseignant la lui donne, il perd toutes ses capacités. Cette attitude l'exclut souvent de la vie de la classe et du groupe des élèves.

Soigner une timidité excessive n'est pas facile. Il semble que le plus sûr moyen de la combattre est de donner à l'enfant l'occasion de vivre hors de sa famille, avec d'autres enfants ou d'autres adultes que ceux qu'il connaît bien. Surtout, ne le laissez pas s'isoler. N'hésitez pas à inviter d'autres enfants à venir jouer avec lui. Quand il aura surmonté ses premières craintes, sans doute sera-t-il prêt, sans trop de réticences, à faire les premiers pas vers les autres. Mais ne le forcez pas, cela le mettrait encore plus mal à l'aise.

La timidité est aussi une façon de se protéger. Un enfant sensible et introverti peut en jouer, le temps d'observer son entourage et ses réactions. Quand il se sera forgé son opinion, il entrera en relation avec ceux qu'il aura jugés. L'enfant timide est à la maison un enfant facile à vivre. Docile, obéissant, il participe à la vie de la famille. Généralement, sa réserve est appréciée.

La timidité peut parfois cacher une inhibition, un trouble de la confiance en soi, un repli sur soi ou même un retard. L'enfant timide est rarement pris en charge alors qu'il court plus de risques que celui qui est agité. L'inhibition peut enfermer l'enfant dans un monde intérieur, provoquer un manque de confiance, entraînant une attitude de régression et des retards dans le développement.

Les parents peuvent aider leur enfant en lui proposant de partager avec lui des activités comme le dessin ou la lecture, en le mettant en situation de s'exprimer et en favorisant son intégration à un groupe. La pratique d'un sport individuel puis collectif est une bonne solution comme le foot pour les garçons, la danse pour les filles.

Petit conseil

Ne forcez pas votre enfant à une socialisation trop éprouvante pour lui. Soyez patient, il viendra tout doucement à la rencontre des autres. Pour l'aider à être moins timide, favorisez les activités où il réussit, proposez-lui de faire quelques courses simples et laissez-le se débrouiller seul. Ne vous moquez pas de lui et ne l'écrasez pas par une autorité excessive. Pensez aussi à le féliciter de ses efforts pour vaincre sa timidité.

QUAND NOTRE ENFANT SERA-T-IL CAPABLE D'APPRENDRE UNE AUTRE LANGUE QUE LA SIENNE ?

Tous les enfants sont en mesure d'apprendre une langue, quelle qu'elle soit. Avant la puberté, la structure du cerveau est telle qu'ils apprennent facilement deux ou trois langues en plus de la leur.

En effet, plus l'enfant apprend tôt, plus il parle sans accent, adaptant parfaitement sa prononciation à celle de son entourage. Les apports du milieu où il vit sont donc essentiels. Ces apprentissages se font par imitation et l'on sait que l'enfant est fort doué dans ce domaine. Il est capable de restituer sans problème les sons qu'il a entendus, alors que l'on constate, sans trop savoir pourquoi, qu'un enfant, dès 6 ans, a déjà de réelles difficultés dans cet exercice. Certains les attribuent à une défense inconsciente de la langue maternelle dominante.

Quant à la grammaire et aux structures de la phrase, le petit enfant apparaît tout aussi doué. Il apprend en fait de manière non analytique. Il semble qu'il puisse, à partir d'un certain nombre de phrases entendues, déduire des principes généraux de grammaire puis les appliquer à un nombre infini de combinaisons.

C'est pourquoi l'enfant aurait une capacité intrinsèque à acquérir une langue. Certes, la grammaire sera hésitante, approximative, pleine de lacunes, mais l'enfant progressera de jour en jour et c'est ainsi que, petit à petit, il assimilera notamment les exceptions aux règles d'accord et de conjugaison. En fait, l'enfant apprend une deuxième langue comme la première, en parlant. Il expérimente et corrige, si besoin, au coup par coup. L'acquisition du vocabulaire est fort différente de celle de l'adulte. L'enfant ne cherche jamais l'équivalent dans sa langue maternelle, chaque mot a une réalité autonome et cohérente.

LE SAVIEZ-VOUS ?

Voici les questions que doivent se poser les parents avant d'envisager l'apprentissage d'une deuxième langue pour leur enfant :

– Quelle langue est la plus spontanément parlée à la maison ?

– Dans quelle langue communiquent-ils le plus souvent ?

Si les parents vivent à l'étranger :

– L'enfant fréquente-t-il l'école du pays où la famille réside, ou celle qui correspond à sa langue ?

– Quelle est la durée du séjour dans le pays étranger ?

– Dans quel pays l'enfant a-t-il le plus de chances de poursuivre ses études supérieures ?

Dans ces conditions, il ne lui est pas difficile de devenir bilingue, voire trilingue, et cela d'autant plus aisément que ses parents ont chacun une nationalité différente et peuvent, tout à loisir, l'aider à entrer dans diverses cultures et les faire cohabiter très naturellement. Bien sûr, pour l'enfant, la motivation première de cet apprentissage est son utilité mais aussi, un peu plus tard, le prestige social lié à cette langue, ce qui expliquerait les difficultés des enfants de certaines familles d'immigrés à maîtriser leur langue maternelle.

À PARTIR DE QUEL ÂGE POUVONS-NOUS APPRENDRE À NOTRE ENFANT LES FORMULES SIMPLES DE POLITESSE ?

Généralement, les enfants apprennent les règles de bonne conduite au contact des autres et au quotidien. Par expérience, ils savent qu'il faut attendre son tour pour monter sur le toboggan du square ou pour être servi chez le marchand de glaces.

Il est beaucoup plus difficile de leur faire comprendre et assimiler des formules qui ne leur apparaissent pas comme directement utiles : « bonjour », « au revoir », « merci », « s'il te plaît » sont des mots purement conventionnels. Ils ne sont pas pour eux d'une utilité primordiale. Mais on peut demander à l'enfant de prendre l'habitude de ponctuer ses demandes de « s'il te plaît » et de dire « merci » quand il a obtenu ce qu'il voulait. Et pourquoi ne pas l'encourager à les formuler ? « S'il te plaît » permet aux parents d'entendre, et « merci » donne droit à un petit baiser en plus.

Au fil des semaines et des mois, l'enfant remarquera que la politesse élémentaire rend les relations avec les autres plus faciles et qu'elle peut lui servir le jour où il devra faire face à une situation inhabituelle. À l'imitation des premières années succède l'identification aux autres, et le modèle parental prend alors toute sa valeur. L'enfant supportera vos remarques et y sera d'autant plus attentif que vous lui préciserez quelques règles de bonne conduite à suivre, notamment dans des situations nouvelles.

La visite chez des amis ou chez les grands-parents est toujours l'occasion de vérifier si l'enfant a acquis certains réflexes de politesse. Si c'est le cas, il peut être complimenté affectueusement, il en sera flatté. Dans le cas contraire, rappelez-lui les règles que vous attendez lui voir respecter et insistez sur leur reconnaissance unanime. Mais attention, trop d'insistance ou trop de compliments peuvent faire croire à l'enfant qu'il y a là matière à négocier. Pourtant, certains enfants ont beaucoup de mal à dire « bonjour » à des personnes qu'ils voient rarement ou pour la première fois. C'est un problème de timidité, à moins qu'ils ne traversent une phase d'opposition.

À 3-4 ans, un enfant sait dire : « bonjour », « au revoir », il serre la main des inconnus, embrasse les familiers. À 4-5 ans, il doit dire sans avoir besoin d'y penser : « s'il te plaît », « merci », « pardon ».

Petit conseil

Il sera poli parce que vous l'êtes. Dans ce domaine, comme dans d'autres, il vous copie. Ne pas vouloir dire « bonjour » ou « s'il te plaît », c'est mettre l'autorité des plus grands en doute. Si votre enfant refuse obstinément d'apprendre les formules élémentaires, n'insistez pas, mais faites preuve à son égard d'encore plus de politesse.

QUAND NOTRE ENFANT AURA 6 ANS, COMMENT VA-T-IL PROGRESSER SUR LE PLAN DU LANGAGE ?

Un enfant de cet âge continue à développer son vocabulaire avec le souci d'une grande précision des mots. Il emploie les mots abstraits qui lui manquaient encore pour posséder assez bien la langue parlée, indispensable pour entrer dans le monde de l'écrit.

La fréquentation de l'école maternelle lui a appris à dialoguer librement avec ses pairs. Les enfants aiment beaucoup ces échanges qui leur permettent de jouer dans une parfaite entente. De jour en jour, il manipule de mieux en mieux la syntaxe et peut construire des phrases comportant des pronoms et

des verbes conjugués pratiquement à tous les temps. Il sait utiliser à bon escient les notions de temps et d'espace, associées le plus souvent au verbe « aller », ce qui montre qu'il connaît bien la notion de mouvement. Le mot « sur » est apparu dans son vocabulaire, avant « sous » accolé le plus souvent à « cacher ». Il est capable d'enchaîner des phrases relativement complexes, utilisant plusieurs propositions.
La prononciation des enfants de 6 ans est quasi parfaite puisqu'ils peuvent désormais très bien contrôler les mouvements de leur langue et la placer correctement dans l'arc de leurs dents.
Lorsqu'ils vivent dans une région de fort accent régional, ou dans une famille avec un type de prononciation marqué, les enfants en adoptent les caractéristiques.
Depuis peu, ils savent partager entre amis des activités collectives dont chacun doit respecter les règles. C'est à deux que s'établit un vrai dialogue, une vraie collaboration. L'étude de la conversation entre enfants montre un enrichissement mutuel du vocabulaire et l'expérimentation de nouvelles formes grammaticales. On remarque que c'est au cours de jeux qu'ils utilisent le conditionnel. Ils échangent également des idées et s'enseignent réciproquement des notions plus ou moins abstraites.

NOTRE ENFANT FAIT SOUVENT DES FAUTES DE GRAMMAIRE. FAUT-IL LE REPRENDRE ?

On ne le répétera jamais assez : pour apprendre à parler, point n'est besoin de leçons. L'enfant acquiert un bon langage d'abord en entendant beaucoup de mots, avant tout précis et non complexes.

C'est en parlant avec lui, en lui racontant des histoires, en vous obligeant à donner à toute chose le mot juste qu'il apprendra les formes correctes de sa langue. Il mémorisera sans difficulté ces mots et fera beaucoup de fautes de grammaire qu'il ne faut pas reprendre, au risque de le décourager ou de lui faire perdre toute envie de s'exprimer. Pour l'aider à trouver la forme juste, il suffit que, naturellement, les parents placent la bonne formulation dans la conversation. L'enfant qui se sait en situation d'apprentissage s'en apercevra et corrigera de lui-même ses phrases.
Les fautes les plus courantes d'un enfant sont celles concernant les conjugaisons, l'utilisation des temps successifs, la forme négative. Il emploie encore rarement le « ne » avant le « pas », les verbes irréguliers lui causent bien des difficultés.
L'enfant de moins de 6 ans a besoin de parler, d'exprimer ses sentiments, de raconter les

LE SAVIEZ-VOUS ?

Reprendre votre enfant à la moindre faute de prononciation ou de syntaxe, c'est lui donner l'impression que ce qu'il dit n'a pas d'importance. Ce dont il a envie, c'est d'être encouragé, et non réprimé dans son expérience. En le corrigeant, vous le brimez et vous constaterez très vite qu'il ne progresse plus, voire s'enferme dans le mutisme.

événements de la vie quotidienne. S'il ne prononce pas correctement certains mots, c'est en raison de l'immaturité de son système phonatoire. S'il fait des fautes de syntaxe, c'est tout simplement parce qu'il est en cours d'apprentissage. Placer les adverbes, les articles, conjuguer les verbes, est affaire d'écoute, de tâtonnements et d'instinct.

NOTRE ENFANT A QUELQUES DIFFICULTÉS DE LANGAGE. EN QUOI CONSISTE LA PRISE EN CHARGE PAR L'ORTHOPHONISTE ?

Le métier de l'orthophoniste consiste à corriger tous les problèmes de langage chez les enfants sourds comme chez ceux qui entendent bien, mais qui présentent un retard de langage par rapport à leur âge ou qui ont des difficultés de prononciation ou de voix.

L'orthophoniste travaille en relation, et sur prescription, avec un médecin ORL, un pédopsychiatre, un neurologue, un généraliste ou un pédiatre. Il peut aussi agir sur le conseil d'enseignants. La qualité d'un orthophoniste se mesure à sa faculté d'écoute. Il cherche d'abord à établir une relation de confiance avec son petit patient. Ses techniques de rééducation sont toujours ludiques et le matériel employé très coloré, afin de mesurer l'envie de découverte de l'enfant et son degré de participation à sa propre rééducation.

Les différents aspects du langage de l'enfant en difficulté sont explorés grâce à un bilan orthophonique. Celui-ci aide notamment à vérifier les premières hypothèses posées par le diagnostic. Tout au long de la rééducation, des bilans intermédiaires sont établis pour mesurer les capacités de compréhension et d'expression de l'enfant, ainsi que l'efficacité des moyens mis en œuvre.

Au travail du souffle, aux exercices de placement de la voix et de prononciation, l'orthophoniste ajoute des jeux et des livres pour encourager l'enfant à s'exprimer, à fixer son attention, à travailler sa mémoire et à organiser sa pensée. Ainsi, la rééducation d'un enfant dyslexique commence par un travail sur les formes visuelles et les sons, puis se poursuit avec la lecture et la compréhension des textes, en revenant aussi souvent que nécessaire sur les difficultés. Les troubles du langage doivent être identifiés et soignés avant 4-5 ans car ils peuvent entraîner des complications comme des difficultés scolaires ou psychiques.

Petit conseil

À la maison, ne jouez pas les thérapeutes, mais donnez à votre enfant l'occasion de se repérer dans l'espace avec des jeux tels que celui du cache-tampon, ou de se repérer dans le temps avec des jeux de cartes de suite logique ou proposant l'observation des saisons. Les jeux de memory permettent, quant à eux, de travailler la mémoire : l'enfant doit retrouver parmi des cartes retournées celles qui associent deux images semblables.

<table>
<tr><th colspan="2">Les grands repères de l'évolution du langage</th></tr>
<tr><th>Développement psychomoteur</th><th>Développement du langage</th></tr>
<tr><th colspan="2">Entre 3 et 4 ans</th></tr>
<tr><td>• Il monte l'escalier un pied sur chaque marche et lorsqu'il descend, saute la dernière marche.
• Il se défoule dans l'activité sportive : tricycle, patins à roulettes, jeux de ballon, tout ce qui bouge le ravit.
• Il fait des dessins identifiables et commence à nommer les couleurs.
• Il met et défait ses boutons, sait lacer ses chaussures.
• Il construit une tour de neuf cubes et des édifices compliqués avec ses cubes.
• Il commence à bien manier les ciseaux, preuve des prémices de la coordination cerveau-muscles, indispensable à une bonne coordination manuelle.
• Il commence à avoir quelques notions de règles et du déroulement temporel des événements, il va pouvoir aborder les jeux où chacun joue à son tour selon une règle valable pour tous.
• Il devient capable de se mettre à la place de l'autre. C'est le début des premières amitiés vraies et solides.
• Il a souvent un ami imaginaire.
• C'est le tout début des jeux d'imagination et d'imitation.
• Il est capable de se concentrer et peut rester une heure ou deux sur le même jeu.
• Il aime toujours patouiller, le sens du toucher reste pour lui important.
• Il sait qu'il est un garçon ou une fille en se sentant très à l'aise dans sa sexualité.</td><td>• La fluidité de son langage s'améliore.
• Il a encore quelques difficultés de prononciation : il zézaie souvent.
• Dans ses phrases, il utilise la conjonction et se sert des pronoms « je », « tu », « moi ».
• Il commence à comprendre la notion de temps et se sert du vocabulaire qui s'y rapporte.
• Il parle comme un grand en utilisant les articles, les pronoms, les verbes conjugués, quelques adverbes et les termes interrogatifs.
• Il comprend les explications simples et la relation de causalité.
• Il compte jusqu'à 10.
• Les acquisitions faites en maternelle ont pour objectif de le préparer à la lecture et aux mathématiques en développant chez lui la mémoire visuelle et la logique.
• L'école l'entraîne à organiser et à analyser les informations visuelles. Ainsi, il apprend à reconnaître la subtilité graphique de certaines lettres et de certains mots.</td></tr>
<tr><th colspan="2">Entre 4 et 5 ans</th></tr>
<tr><td>• Ses mouvements sont bien coordonnés, il sautille, saute, escalade, descend les escaliers à toute vitesse en posant un pied sur chaque marche.
• Il dessine un cercle, trace deux lignes parallèles et sait bien découper.
• Il dessine de superbes bonshommes têtards dont l'anatomie se peaufine avec cheveux, oreilles, mains, pieds et nombril, et certains détails permettent d'identifier le sexe.
• Il sait comparer ce qui est plus grand et plus petit et commence à avoir un sens de l'ordre.</td><td>• Son vocabulaire s'enrichit des adjectifs de nuance : il compte 2 000 mots environ.
• Il adore les mots nouveaux et s'exerce à les utiliser.
• Il utilise avec plaisir les mots d'argot et invente des mots bien à lui.
• Il commence à donner des ordres.
• Il s'essaie au conditionnel.
• Il a intégré le concept de probabilité et de possibilité.
• Il se sert des verbes conjugués au passé.</td></tr>
</table>

Les grands repères de l'évolution du langage	
Développement psychomoteur	**Développement du langage**
À 6 ans	
• Il a un grand besoin de mouvement et déborde d'activité, il court et grimpe sur tout. Il saute à cloche-pied ou à pieds joints. Ces nouvelles capacités lui permettent de faire du vélo, du skate, de la corde à sauter, du ski, de l'acrobatie et des jeux de ballon. • Son habileté manuelle lui permet des activités fines. Ce qu'il aime entre tout, c'est avoir des activités de grand et participer à des activités avec un adulte. • Il connaît son adresse et certains numéros de téléphone. Il sait l'enchaînement des jours et souvent les saisons. Il s'intéresse aux heures de la journée. De même, il se repère dans son environnement et connaît le chemin pour aller à l'école ou à la boulangerie. Les notions de quantité font leur apparition. • C'est un créatif, très fier de ses productions. Il aime les crayons, la peinture et le découpage. • Il a encore quelques difficultés à se concentrer. • Son esprit logique a fait de grands progrès. À partir de ce qu'il constate ou de ce qu'il apprend, il est capable de généraliser pour déduire des règles. • Il adore compter, jouer à faire semblant. Le clavier et l'écran le passionnent.	• Il imagine des histoires mais mêle assez facilement le vrai et l'imaginaire, le vrai prenant de plus en plus de place. • Il aime les blagues et manie avec plaisir l'humour. • Son vocabulaire a poursuivi sa progression, il est de plus en plus précis. Il adore les mots. • Il s'exprime dans une grammaire correcte et avec une bonne prononciation. • Les livres l'attirent beaucoup. • Il accède à la pensée symbolique.

Mots-clés

APPAREIL PHONATOIRE

C'est l'ensemble des organes permettant l'émission de sons du langage.

Il se compose :

• des poumons fournissant l'air qui va traverser le conduit vocal, constitué de plusieurs cavités dans lesquelles passe l'air ;

• des articulateurs : la langue, les lèvres, les mâchoires, le voile du palais, la paroi postérieure du pharynx, qui modifient le trajet de l'air dans le conduit vocal pour former des sons différents. Le voile du palais est une partie molle et mobile en arrière du palais. C'est un clapet qui permet à l'air de passer par le nez lorsqu'il est ouvert ou par la bouche lorsqu'il est fermé ;

• du pharynx, un conduit qui permet la communication entre les fosses nasales et la bouche d'un côté, le larynx et l'œsophage de l'autre ;

• du larynx situé en haut de la trachée. Il abrite les cordes vocales. Ce sont en fait des petits replis de muscles et des ligaments qui ouvrent et ferment la glotte, provoquant une vibration régulière de l'air expulsé des poumons. Ce sont les fréquences de vibration des cordes vocales qui déterminent la hauteur de la voix. Plus les cordes vocales vibrent vite, plus la voix est aiguë.

Il est intéressant de remarquer que les organes dont l'enfant a besoin pour parler, à part les cordes vocales, sont d'abord utilisés pour d'autres fonctions : la cavité buccale, les lèvres, la langue, les dents, l'œsophage sont indispensables à l'enfant pour se nourrir et les poumons et la trachée pour respirer. C'est l'évolution de ces fonctions qui permet l'accès au langage.

ARTICULATION

Sur le plan de l'articulation, ce sont les consonnes qui présentent le plus de difficultés pour l'enfant.

En effet, elles réclament des mouvements divers, mettent en action plusieurs organes (muscles, nerfs) ou fonctions, soit simultanément, soit à la suite mais dans un temps extrêmement court : de 1/20e à 1/10e de seconde dans une conversation courante. Cet art de la prononciation n'est pas inné, l'enfant doit l'apprendre et s'y entraîner.

Un enfant ayant des difficultés d'articulation doit d'abord réussir à faire la différence auditive entre les consonnes vibrantes et non vibrantes ; puis il devra distinguer les consonnes orales et nasales ; ensuite, il apprendra à organiser les différentes fonctions indispensables à une prononciation claire et bien distincte de chaque consonne. Certains enfants rencontrent particulièrement des difficultés avec les consonnes proches qui se différencient simplement par la vibration ou la nasalisation telles que « p/b », « b/m » ou encore « s/ch ».

AUDITION

Bien avant de naître, le bébé réagit aux stimulations auditives dès la 22e semaine de gestation et son audition est normale dès la 35e semaine.

La plupart des sons d'une intensité moyenne ou forte passent *in utero*. C'est la présence du liquide amniotique dans l'oreille moyenne et dans la caisse du tympan qui permet la transmission des sons. L'expulsion de ce liquide à la naissance, au moment du premier cri, et l'élimination d'une substance cireuse, qui encombre les oreilles du bébé, lui donnent des capacités auditives parfaites.

De toutes les sollicitations et stimulations sensorielles auxquelles le bébé est soumis, on estime que ce sont celles dues à l'audition qui sont les plus riches et les plus variées. Le bébé découvre le monde par l'écoute. Informations auditives et visuelles mises en relation lui ouvrent la voie de la communication vocale. L'audition fine joue un rôle majeur dans la verbalisation, la phonation, l'élaboration de la parole et de la pensée exprimée verbalement.

Il n'est pas rare qu'un retard de langage et de parole, un trouble de l'articulation, soit le résultat d'une difficulté ORL, même depuis longtemps guérie. Une audition approximative gêne l'élaboration d'une parole précise. Les otites à répétition et toutes les atteintes tubaires peuvent entraîner des pertes auditives de 30 à 40 dB. Les conséquences sur le développement du langage seront plus ou moins importantes selon les stades où ces atteintes surviennent.

• La perte auditive de 20 à 40 dB empêche une bonne distinction des contrastes phonétiques. L'enfant peut ainsi montrer des difficultés d'articulation et ne pas bien percevoir une voix faible. C'est un enfant qui se fatigue vite, notamment dès qu'il est scolarisé. Seul un audiogramme permet une réelle appréciation du degré de gêne.

• de 40 à 70 dB de perte auditive, l'enfant perçoit mal une voix d'intensité normale ainsi que son articulation : son langage est imparfait. Pour acquérir un bon niveau de langage et suivre une scolarité normale, l'enfant devra être appareillé ;

• de 70 à 90 dB, l'enfant reconnaît les bruits habituels, certaines voyelles mais difficilement les consonnes. L'enfant comprend mal ce qu'on lui dit, il compense parfois ses difficultés par une lecture labiale. Cet enfant doit être appareillé et éduqué au langage et à la parole.

On considère que 300 000 enfants et adolescents, en France, ont des problèmes auditifs sévères et 400 000, des troubles légers et moyens.

Il existe donc divers types de surdité à différents degrés, entraînant des difficultés plus ou moins importantes dans l'expression orale. Les surdités sont classées en surdités de transmission, lorsque c'est l'oreille externe ou moyenne qui est atteinte – le plus souvent elles sont transitoires –, en surdités de perception, provoquées par une atteinte de l'oreille interne, et enfin en surdités centrales, dues à un problème d'ordre neurologique.

CERVEAU

Il n'existe pas dans le cerveau un centre unique qui serait celui du langage. Ce sont plusieurs aires du cortex et de l'encéphale qui sont impliquées et qui, au sein d'un système d'associations complexes, permettent l'émergence de la parole.

Parmi les territoires spécialisés, certains, s'ils sont altérés, empêchent tout langage alors que l'altération d'autres territoires ne détériore que quelques aspects du langage. Pourtant, chaque aire est partie prenante d'un réseau, elle traite des informations venues d'une autre aire, elle les transforme et les transmet à son tour.

Les informations auditives parviennent en passant de relais en relais jusqu'au lobe temporal. Elles sont reçues par les deux hémisphères cérébraux, mais c'est l'hémisphère gauche qui est le plus important dans le domaine du langage, puisque c'est lui qui analyse les informations linguistiques et qui lance les schémas de production.

Les recherches médicales ont permis de déterminer des aires majeures. L'aire de Broca agit sur les schémas moteurs de la parole. L'aire de Wernicke joue un rôle essentiel dans le traitement des informations auditives, notamment linguistiques. Le carrefour temporo-pariétal a des rôles multiples, dont celui de la compréhension du langage et de la confrontation des informations nouvelles avec les expériences antérieures.

L'hémisphère gauche du cerveau serait dominant dans le langage puisqu'il commande 95 % de cette fonction chez les droitiers comme chez la plupart des gauchers. L'hémisphère droit, lui, a pour tâche par exemple d'associer un mot à un objet ou à son image, ou encore celle de donner les qualités prosodiques de la parole.

Il existe une différence importante entre l'adulte et l'enfant victimes d'une lésion cérébrale localisée, par exemple à la suite d'un traumatisme crânien accidentel. L'aphasie qui s'ensuit affecte moins le langage de l'enfant que celui de l'adulte et ses capacités de récupération sont bien supérieures. Il semble qu'une certaine plasticité cérébrale permette à d'autres territoires cérébraux de compenser la perte de ceux qui ont été lésés. Ces territoires seraient situés dans l'hémisphère droit.

Autre phénomène important : lorsqu'un enfant n'a pu accéder au langage dans ses toutes premières années, même si plus tard il est soumis à un bain de langage, il sera dans l'incapacité d'acquérir un langage normal. Il semble donc que si les territoires cérébraux utiles au langage ne sont pas sollicités à l'âge normal des grandes acquisitions de la langue maternelle, ils ne peuvent plus évoluer et leur fonction est définitivement bloquée.

Cette constatation conforte l'idée que le cerveau de l'enfant ne se développe normalement que s'il reçoit de façon très précoce des stimulations variées et nombreuses. Plus le bébé est stimulé sur le plan auditif et linguistique, plus il émet de sons, plus les synapses de ses neurones se développent, construisant des schémas auditivo-moteurs qui interfèrent avec d'autres informations.

CONSONNES

Ce sont les sons produits par l'ouverture brusque du canal buccal, consécutive à sa fermeture.

Elles sont classées selon leur point d'articulation et leur mode d'articulation :

- les labiales sont prononcées en arrondissant les lèvres. Elles sont bilabiales lorsque les deux lèvres sont utilisées, pour dire, par exemple : « p », « b », « m » ;
- les dentales sont émises en appuyant la pointe de la langue sur la face postérieure des dents du haut ; par exemple, « t » et « d » sont des dentales ;
- les nasales sont le résultat d'un passage de l'air dans le conduit nasal grâce à un abaissement du voile du palais ;

• les vélaires se prononcent en appuyant l'arrière de la langue sur le voile du palais ; « k », « g » sont des vélaires ;
• les fricatives portent ce nom parce que leurs sons s'apparentent à celui d'une friction. Elles sont le résultat d'une obstruction partielle de la bouche par la langue ; « v », « f », « s », « ch » sont des fricatives ;
• les occlusives se prononcent avec une obstruction complète de l'air dans la bouche. Il existe des occlusives labiales, dentales ou vélaires.

DYSPHASIE

C'est un retard de langage durable et significatif par rapport à l'âge de l'enfant.

Celui-ci ne souffre ni de trouble de l'audition ou de l'appareil phonatoire, ni de déficience intellectuelle, ni d'une lésion cérébrale, ni d'une carence affective ou éducative grave. La dysphasie peut se manifester par des perturbations plus ou moins graves, avec une expression indistincte ou télégraphique faite de mots isolés, marquée de troubles de la syntaxe, avec absence de mots. Une mauvaise compréhension du langage oral lui est souvent associée. Les difficultés peuvent être traitées mais il reste toujours une trace du trouble original, plus ou moins marquée selon les cas.

Les spécialistes estiment que les causes des dysphasies sont multidirectionnelles, ils les qualifient de troubles neurodéveloppementaux. Le facteur génétique joue certainement un rôle important puisque l'on constate des risques accrus chez les enfants issus de familles où il existe des antécédents dysphasiques ou des frères et sœurs atteints de ce trouble.

Les parents doivent s'inquiéter lorsque leur enfant n'acquiert pas une étape fondamentale dans le développement de son langage en référence au déroulement normal et commun à tous les enfants. La consultation d'un médecin ORL permettra d'établir un diagnostic précis et la mise en place d'une rééducation par un orthophoniste. Selon les cas, d'autres intervenants seront utiles : psychomotricien, ergothérapeute, physiothérapeute ou psychologue. Les parents doivent être aidés afin de maintenir une interaction stimulante avec cet enfant qui communique mal.

GÉNÉTIQUE

Parler est le propre de l'homme, il est génétiquement programmé pour cela.

Le psychologue français Henri Wallon définit cette fonction comme « biologique-sociale », biologique puisqu'elle figure dans le potentiel génétique de tout être humain, sociale parce qu'elle a besoin, pour se développer, de partenaires qui parlent et répondent aux premières expressions instinctives et orales.

Pour Noam Chomsky, linguiste américain, il n'y a pas de doute : l'enfant naît avec un centre d'acquisition du langage qui contiendrait la structure universelle du langage, commune à toutes les langues. Une théorie combattue par le psychologue suisse Jean Piaget qui soutient que l'apprentissage de la langue est lié aux acquisitions motrices, l'enfant construisant son langage par l'action. La connaissance et les réflexions intellectuelles se mettent en place avant la capacité de s'exprimer par des mots.

INTELLIGENCE

Elle repose chez l'enfant sur deux piliers. Le premier est son besoin inné de découvrir avec un goût immodéré tout ce qui est nouveau et compliqué. Le second est le phénomène d'habituation.

Un enfant regarde ou écoute plus longtemps ce qu'il ne connaît pas que ce qu'il connaît déjà. Lorsqu'il est habitué, il détourne assez rapidement son attention.

Entre 10 et 18 mois, il s'intéresse aux objets qui l'entourent et à leur manipulation. Ses sens lui permettent d'assimiler un certain nombre de connaissances et il est capable d'accommodation, c'est-à-dire de trouver le bon geste pour obtenir le résultat qu'il cherche. Ses premières découvertes entraînent un élargissement vers d'autres acquisitions. Il découvre que ses gestes sont à l'origine de sa réussite, la « causalité » lui ouvrant alors les portes de toutes les compréhensions.

Vers 14-15 mois apparaît le raisonnement sensori-moteur : l'enfant commence par une véritable réflexion intérieure sur les moyens à mettre en œuvre et agit seulement ensuite. C'est aussi l'âge où il a acquis la notion de permanence de l'objet : il cherche l'objet disparu car il sait qu'il existe toujours, même s'il est hors de sa vue.

De 18 mois à 2 ans, l'enfant est capable de représentation mentale ; de 2 à 4 ans apparaît le jeu symbolique et, à partir de 7 ans, naissent l'intuition et la notion de réversibilité des actions.

Au stade de l'habituation succède l'apprentissage associatif : tel objet ressemble à tel autre, tel son est proche de tel autre. Ce stade est suivi de l'apprentissage des schémas sensori-moteurs et des schémas cognitifs qui seront utilisés tout au long de la vie.

Parler est un acte éminemment intelligent puisque c'est transformer une pensée ou un enchaînement de pensées en une suite verbale ayant une signification. Le langage permet de prendre de la distance par rapport à un événement, de transformer l'expérience en concept et de le transmettre à autrui.

JUMEAUX

Le développement du langage chez les jumeaux passe par une vraie singularité. Ce duo sait parfaitement s'organiser et établit un code de communication qui lui est spécifique.

Tout commence par le langage des gestes, ils sont abondants : dans leurs échanges, les jumeaux se touchent beaucoup et leurs gestes se complètent étonnamment dans tous leurs jeux. À l'âge des premiers mots, ils élaborent entre eux une langue qui leur est personnelle et échangent des sons qui ont pour eux seuls une signification.

Pourtant, à la base, les mots qu'ils utilisent sont empruntés à la langue parlée autour d'eux mais avec de grandes déformations et un sens flou. Ce jargon est appelé « cryptophasie ». Les jumeaux qui vivent peu en contact avec d'autres enfants de leur âge ou ceux qui n'ont pas de frères et sœurs sont potentiellement à risques. Le fait d'être deux ne stimule pas l'acquisition du langage et a même pour conséquence de retarder son apprentissage. Il est conseillé aux parents de provoquer le plus possible des moments de séparation entre jumeaux. Ainsi, il vaut mieux choisir des modes de garde différents, individualiser les moments de communication parents-enfant et, au moment des vacances, choisir des familles d'accueil différentes, l'un allant par exemple chez ses grands-parents paternels alors que l'autre séjournera chez ses grands-parents maternels. Chacun des jumeaux comprendra la nécessité d'adopter la langue commune à tout le reste de la famille.

MÉMOIRE

L'acquisition du langage, comme tout apprentissage, ne peut se faire sans mémoire. Celle de l'enfant est totalement neuve et va donc devoir se construire.

C'est ainsi que les informations données par les sens sont codées et transmises au cerveau, soit par une impulsion de type électrique, soit sous forme de synthèse d'une molécule. Il n'existe pas réellement de centre de la mémoire. Ce qui est appris est mis en boîte dans plusieurs structures neurologiques du cerveau. Il y aurait de constants va-et-vient pour accéder à des fonctions comme la comparaison et la vérification.

La mémoire de l'enfant est d'autant plus performante que son appareil neuronal est

« neuf ». Son temps de sommeil, beaucoup plus long que celui de l'adulte, lui offre une parfaite consolidation des informations mémorisées. La mémoire d'un bébé est liée principalement aux fonctions cérébrales, à l'intelligence et à l'affectivité. Il semble que la mémoire existe très tôt chez le nourrisson, mais elle est essentiellement liée au contexte des événements. Pour Marie-Germaine Pêcheux, chercheuse en psychologie, la mémoire du petit enfant s'appuie sur des éléments de reconnaissance, ce n'est que plus tard qu'elle deviendra un acte volontaire et conscient.

Mais la mémoire ne peut fonctionner sans l'oubli. Ainsi, l'enfant ne peut mettre en mémoire tout ce qu'il découvre au cours d'une journée, c'est au cours du sommeil paradoxal que son cerveau fait le tri entre ce qui est utile à conserver pour son développement futur et ce qui ne l'est pas.

Il existe un autre phénomène étonnant dans la construction de la mémoire chez l'enfant. À 1 an et demi, l'enfant se souvient d'une situation qu'il a vécue, d'un visage ou d'un lieu qu'il a vu six mois auparavant. Les souvenirs sont même très vifs à cette époque de la vie, peut-être en raison de la nouveauté des circuits de mémoire. Mais l'enfant devra tout oublier de ces moments pour pouvoir développer ultérieurement une pensée ne faisant pas toujours référence au passé, c'est ce que l'on appelle l'« amnésie infantile ». Elle est essentielle dans le développement de l'enfant, car la mémoire a des limites physiologiques. Heureusement, tout n'est pas effacé comme par magie ; pour Freud, la mémoire est sélective et ne subsistent que les événements et les notions utiles ou qui font plaisir. À partir de 4 ans, la mémoire est constituée du résultat d'un nombre incalculable d'essais, de répétitions et d'erreurs dans les apprentissages. Tous les enfants naissent avec le même potentiel de mémoire, puis c'est une question d'entraînement. Généralement, plus elle est sollicitée, mieux elle fonctionne.

Pour l'Américain Gerald Edelman, Prix Nobel de médecine, la mémoire repose sur l'élaboration par le cerveau de catégories. Ainsi, pour ce qui est du langage, l'enfant le perçoit d'abord globalement et mémorise des séquences vocales sans en comprendre le sens. Puis, peu à peu, il distingue les mots et, enfin, il en apprend la signification. L'enfant agit ainsi avec les innombrables informations que lui procurent ses sens lorsqu'il est en état de veille. C'est de cette manière qu'il établit un système de reconnaissance à partir d'informations codées et stockées dans des unités cérébrales spécifiques.

SYLLABES

Ce sont des unités phonétiques généralement formées d'une consonne et d'une voyelle. Chaque mot est composé d'une ou de plusieurs syllabes.

Les premières syllabes prononcées par l'enfant sont des syllabes dites « fortes », formées d'une voyelle ou se terminant par une voyelle. En grandissant, l'enfant apprendra à prononcer des mots comprenant plusieurs syllabes. La difficulté rencontrée est alors de les mettre dans le bon ordre voulu par la langue pour constituer un mot ou une phrase signifiants.

Dans la langue française, plus de la moitié des syllabes comportent au moins trois phonèmes : consonne-consonne-voyelle, consonne-voyelle-consonne ou voyelle-consonne-consonne.

Dans une phrase, toutes les syllabes n'ont pas la même intensité ni la même hauteur. Ces différences, ces accentuations donnent le rythme et la cadence des paroles.

SYNTAXE

Elle définit les règles de combinaison des mots afin de réaliser une phrase reconnue comme correcte dans la langue que l'on veut parler.

Pour former la grammaire, la syntaxe est complétée par la morphologie, ensemble des formes régulières que doivent prendre les mots variables de la langue et les mots spécialisés qui assurent un rôle constant dans la phrase.

La grammaire parlée n'est pas la même que la grammaire écrite, la première étant plus complexe. L'enfant n'apprend pas réellement la grammaire parlée, elle lui vient avec la pratique.

VOIX DE LA MÈRE ET DU PÈRE

Dans l'utérus maternel, le futur bébé perçoit assez bien la voix de sa mère, par l'extérieur comme par l'intérieur de son corps où elle est conduite par les os et les tissus.

Le bébé reçoit les sons de la voix de sa mère à 60 dB avec une intensité de 24 dB alors que les voix venues de l'extérieur, notamment celle de son père, ne lui parviennent qu'à une puissance de 8 à 12 dB. Pourtant, cette intensité est suffisante pour permettre au fœtus d'« apprendre ».

Le docteur Jean Feijoo a demandé à des pères d'enregistrer au magnétophone une liste de mots et de les faire écouter régulièrement à leur bébé. À la naissance, le médecin comme les parents ont pu constater que les bébés ayant fait partie de l'expérience s'arrêtaient de pleurer dès que leur père récitait cette liste. D'autres expériences réalisées au Japon ont consisté à faire écouter aux futurs bébés l'alphabet dit par la mère et par le père. Cet enseignement précoce permettrait, paraît-il, aux bébés de commencer à parler vers 6 mois !

À la naissance, le bébé de quelques heures est capable de reconnaître la voix de sa mère parmi celles de cinq autres femmes, et il la préfère. Il distingue aussi parfaitement la langue qu'elle parle. Il semble que ce sont les syllabes de la langue maternelle que le bébé reconnaît essentiellement. La voix de la mère a sur le bébé un effet stimulant puisqu'en l'écoutant, il tète avec davantage d'entrain et d'énergie. Le bébé réagit encore plus vivement si sa mère l'appelle par son prénom avec une forte intonation. Ces constatations ont notamment permis aux services de médecine néonatale de développer des soins « sonores » aux nouveau-nés : ils écoutent dans leur couveuse les voix de leur mère et de leur père, enregistrées sur bande magnétique, et cela leur procure un véritable apaisement.

VOYELLES

Elles sont produites par la vibration des cordes vocales du larynx, la bouche plus ou moins ouverte et sans retenue d'air.

La langue française compte seize voyelles dont quatre nasales : « an », « on », « in », « un » et douze orales : « a », « e », « i », « o », « u », « y », etc.

Bibliographie

- B. de Boysson-Barbies, *Comment la parole vient aux enfants, de la naissance jusqu'à 2 ans*, Odile Jacob, Paris, 1999.
- M. Brigaudiot et L. Danon-Boileau, *La Naissance du langage dans les deux premières années*, PUF, Paris, 2002.
- R. Diatkine et L. Lentin, *Apprendre à parler à l'enfant de moins de 6 ans : où ? quand ? comment ?* ESF, Issy-les-Moulineaux, 1987.
- F. Dolto, *Tout est langage*, coll. « Folio essais », Gallimard, Paris, 2002.
- F. Dolto, « Au commencement était le mot mère » in *La Mère*, coll. «Mutations », Autrement, Paris, 1987.
- A. Dumont, *L'Orthophoniste et l'enfant sourd*, Masson, Paris, 1995.
- A. Florin, *Le Développement du langage*, coll.« Topos », Dunod, 2013.
- E. Genouvrier, *L'Enfance de la parole*, Nathan, Paris, 1992.
- C. Hagège, *L'Enfant aux deux langues*, coll. poche, Odile Jacob, Paris, 2005.
- M. Kali, *L'Acquisition du langage*, coll. « Que sais-je ? », PUF, 2012.
- M. Varraud et V. Alis, *L'Apprenti parleur*, Grancher, Paris, 1995 ; Marabout, Paris, 1997.

Carnet d'adresses

Troubles de l'audition et du langage

• Fédération nationale des orthophonistes (FNO)
www.orthophonistes.fr

• Fédération des orthophonistes de France (FOF)
www.fof.asso.fr

• Association parole-bégaiement (APB)
www.begaiement.org/

• Association nationale de parents d'enfants déficients auditifs (ANPEDA)
anpeda.fr

• Association française des bègues
15, rue Monge
75005 Paris
Tél. 01 44 07 29 84

• Association nationale des parents d'enfants sourds (ANPES)
anpes_web@lycos.fr

• Cochlée France
www.cochleefrance.fr

Dyslexie

• Voir ci-dessus Fédération nationale des orthophonistes (FNO)

• Voir ci-dessus Fédération des orthophonistes de France (FOF)

• Association de parents d'enfants en difficulté d'apprentissage (APEDA)
www.apeda-france.com

• Coridys
www.coridys.asso.fr

• Association nationale d'associations d'adultes et de parents d'enfants dys (ANAPEDYS)
www.anapedys.org

Enfants handicapés

• Fédérer les centres médico-psycho-pédagogiques (FDCMPP)
www.fdcmpp.fr

• Union nationale des associations familiales (UNAF)
www.unaf.fr

• Union nationale des associations de parents d'enfants inadaptés (UNAPEI)
www.unapei.org

Centre de recherche

Association de formation et de recherche sur le langage (AsFoRel)
www.asforel.org

Direction : Catherine Saunier-Talec
Responsable éditoriale : Anne Le Meur
Édition : Caroline Terral
Responsable artistique : Antoine Béon
Conception graphique et couverture : Le Bureau des Affaires Graphiques
Adaptation et réalisation : Fabienne Vaslet
Correction : Catherine Schram
Fabrication : Amélie Latsch
Partenariats : Sophie Morier (smorier@hachette-livre.fr)

Crédits photographiques

Couverture : Fotolia © aldegonde le compte

Intérieur Fotolia p. 2, © Vitalinko ; p. 8, © athomass ; p. 36, © Elena Stepanova ; p. 57, © Rock and Wasp ; p. 60, © marchibas ; p. 81, © Nick Freund.

Achevé d'imprimer en juillet 2014 par Castelli Bolis Poligrafic, en Italie
Dépôt légal : août 2014
23-05-8553-01-2
ISBN : 978-2-01-238553-5